BONSAI

RED CANZIAN

BONSAI

Fotos von Elio Ciol

Unipart Verlag · Stuttgart

Bäume sind Heiligtümer. Wer mit ihnen zu sprechen, wer ihnen zuzuhören weiß, der erfährt die Wahrheit. Sie predigen nicht Lehren und Rezepte, sie predigen, um das Einzelne unbekümmert, das Urgesetz des Lebens.

Hermann Hesse, *Wanderung*

Besonderer Dank für die Auswahl der Bilder und die fachliche Unterstützung gilt Roberto Pagnin.
Weiterhin gilt der Dank des Autors: Bruno und Flavia Bellussi, Renzo Camillotto, Cassa Rurale und Artigiana di Castel Goffredo, Anselmo Castelli, Stefano Ciol, dem Corpo Forestale in Cortina, Hans-Peter Costner, Manfredo Cotza, Luigi Crespi, Armando Dal Col, Fernando Donato, Costantino Franchi, Ivano Ghisini, Delia Gualtiero, Eugenio Gualtiero, der Azienda Agricola „Villa di Maser", Giorgio Mersa, Dott. Minuzzo (vom Dipartimento Foreste di Venezia), Beatrix Niederwieser, Carlo Oddone, Werter Paccagnella, Christian Pavan, Donatella Pavan, Corpo Forestale di Pieve di Soligo, der Gemeinde Reggiolo, Enzo Sigurtà, Paolo Tallarigo, Fausto Taverniti, dem Corpo Forestale in Valdobbiadene.

Lizenzausgabe für den
UNIPART VERLAG GMBH,
Remseck bei Stuttgart, 1994

Betreuung der deutschen Ausgabe:
THEMA Produktmarketing und Werbung GmbH,
München
Fachliche Beratung: Wolfgang Kawollek

Die Zeichnungen aus dem Kapitel Bonsai-Gestaltung
stammen von Red Canzian

Fotos: Elio Ciol; des weiteren:
S. 118 links, 120, 122 rechts, 124: Manfredo Cotza
S. 126 links, 130 links und rechts, 164, 166 links und rechts:
Massimo Rossi
S. 116, S. 128: Michele Stallo
S. 132, 134 rechts: Paolo Tallarigo
S. 1, 11, 173: Pfisterer-Bonsai, Baden-Baden

ISBN 3-8122-3394-0

INHALT

Vorwort

Seit jeher war das Schicksal des Menschen mit dem des Baumes eng verknüpft. Der Baum spendete Schutz, seine Früchte oftmals Nahrung, und sein Holz war für die vielfältigsten Zwecke nutzbar. Er wurde bereits vor mehreren Jahrtausenden gezüchtet, kultiviert und gestaltet. Zahlreiche Mythen, Märchen und Legenden erzählen von der Bedeutung des Baumes und von den Zauberkräften, die ihm innewohnen. Im alten Griechenland wohnten die Götter in den Bäumen oder nahmen ihre Gestalt an, und die Weltesche Yggdrasil in der germanischen Mythologie wie auch der Feigenbaum Asawattha in dem alten indischen Volksepos Bhagawadgita sind sogar eindrucksvolle Symbole für das Leben und die Weltordnung als Ganzes.

Der Gedanke der Einheit von Mensch und Natur liegt auch der Bonsai-Kultur zugrunde, deren Ursprünge im Fernen Osten liegen. Vor etwa 2000 Jahren begannen die Chinesen mit dieser Kunst der Baumgestaltung. Natürlich gewachsene Zwergbäume, denen man magische Kräfte nachsagte, wurden in Schalen gepflanzt und in den kaiserlichen Palästen aufgestellt.

Hunderte von Jahren später gelangte diese Kunst nach Japan und von dort in diesem Jahrhundert nach Europa. Die Bonsai-Zucht wurde in Japan zunächst hauptsächlich von Priestern des Zen-Buddhismus gepflegt und war für sie eine Form der Meditation. Für uns bedeutete die Bonsai-Kultur zunächst eine völlig neue Art des Umgangs mit Pflanzen. Viel mehr als nur eine Pflanze, ist ein Bonsai ein Kunstwerk, das in einem fortlaufenden Prozeß der Pflege und Gestaltung der Vollendung zustrebt, diese aber nie erreicht. Jeder Baum eignet sich zur Bonsai-Zucht; in diesem Buch werden jedoch die Arten vorgestellt, die in Europa heimisch und Bestandteil unserer natürlichen Umgebung sind.

Eine hohe Sensibilität für den Rhythmus der Natur, Geduld und Respekt vor der Schöpfung, die uns in der heutigen, verstädterten und so stark materialistisch orientierten Welt oftmals verloren gegangen sind, können wir durch den Umgang mit Bonsais wieder erlernen und damit auf neue Weise versuchen, die Kluft zu überbrücken, die sich zwischen uns und unserer einst natürlichen Umgebung aufgetan hat.

DIE SCHÖNSTEN BÄUME UND IHRE BONSAI-FORMEN

DIE EICHE

Eichen werden mitunter mehr als tausend Jahre alt. Wegen ihrer imposanten Erscheinung glaubte man von jeher, daß sie magische Kräfte besäßen.

Beginnen soll dieses Buch mit dem unbestrittenen König der Bäume, der Eiche. Leider wird sie häufig mit anderen Bäumen verwechselt, denn viele denken beim Anblick eines majestätischen Baumes unvermittelt an eine Eiche, obgleich es sich beispielsweise um eine ehrwürdige Buche oder einen knorrigen Ahorn handelt. Grund dafür sind vermutlich die zahlreichen Märchen und Legenden, die uns von jeher lehren, in einem majestätischen Baum eine Eiche zu sehen.

Unsere Unwissenheit ist indes verzeihlich: So betrachteten zum Beispiel die Griechen die Eiche nicht nur als den König der Bäume, sondern geradezu als den Baum der Könige und Götter. Sie nannten ihn *drus*, den „Baum" in vollendeter Reinkultur. Er wurde als Sinnbild für Stärke und Kraft angesehen. Daher kommt auch der lateinische Artname *robur* (Kraft) für die Stieleiche.

Es gibt etwa dreihundert verschiedene Eichenarten, die aber einander sehr ähnlich sind. Die Beschreibung soll sich aber auf zwei Eichenarten beschränken, die in Europa am häufigsten anzutreffen sind: die Stieleiche, *Quercus robur*, und die Traubeneiche, *Quercus petraea.*

Eichen können älter als tausend Jahre werden, einen Stammumfang von mehr als 15 m und eine Höhe von über 50 m erreichen. So war beispielsweise die Eiche von Allouville in Frankreich seit Jahrhunderten ein Ort religiöser Riten, die zunächst heidnischer, später christlicher Natur waren. Ihr Stamm hatte einen so großen Umfang, daß in ihm eine Kapelle angelegt wurde. Man errichtete sogar einen Turm, den man über eine Treppe, die außen am Baum entlangführte, erreichte.

Stieleiche (Quercus robur)

Eine weitere Jahrhunderteiche, die sogenannte „Eiche der Nägel", steht in Belgien. Mit ihr verbindet der Volksglaube einen ungewöhnlichen Brauch: Berührt man die Nägel, die in den Stamm der Eiche getrieben wurden, wird man von Furunkeln geheilt. Die imposanteste aller Eichen ist indes die „Große Eiche", die sich in England im berühmten Wald von Sherwood, dem Reich Robin Hoods, befindet. Sie hat einen gewaltigen Umfang von etwa 20 m.

Aufgrund der majestätischen Erscheinung ist es leicht nachzuvollziehen, daß früher die europäischen Völker große Ehrfurcht beim Anblick dieses natürlichen Riesens empfanden. Die Druiden, die Priester der Kelten, sagten der Eiche magische Kräfte nach. Die alte Sitte, sich in der Sylvesternacht unter einem Mistelzweig zu küssen, ist ebenfalls auf den Druidenkult zurückzuführen und eng mit der Eiche verbunden. Denn die Mistel, eine parasitäre Pflanze, wächst zwar auf den Zweigen vieler Bäume, jedoch nur selten auf Eichen. Trat dieser Fall dennoch ein, wurde er als göttliches Zeichen verstanden und versprach eine gute Ernte und erfolgreiche Jagd.

In gemäßigten Klimazonen gedeiht die Eiche hauptsächlich in Ebenen und steigt dann bis in Höhen von 1000 m empor, wo sie hauptsächlich zusammen mit Buchen anzutreffen ist. Sie bevorzugt dabei frische, tiefe Böden sowie leicht saures und feuchtes Erdreich ohne Staunässe.

Stamm: Die zunächst graugrüne, schwach glänzende Rinde färbt sich später braun und wird von tiefen Längsrissen durchfurcht. Sie ist sehr reich an Tannin, einem natürlichen Gerbstoff. Das harte Holz der Eiche fault nur äußerst langsam. Deshalb wurde es früher beim Schiffsbau eingesetzt. Heute dient es als Material für Möbel oder Parkettböden.
Blätter: Sie sind grün und färben sich vor dem Abfallen rostbraun. Die Blätter der Stieleiche weisen auf beiden Seiten vier bis fünf stumpfe Lappen auf und sind kurz- oder ungestielt, während die Eicheln sich oft paarweise an einem langen Stiel entwickeln. Im Gegensatz dazu sind die ebenfalls gelappten Blätter der Traubeneiche immer gestielt, und die Eicheln erscheinen in ungestielten, also sitzenden Fruchtständen.
Früchte: Eicheln werden von den Eichhörnchen sehr begehrt und dienen auch als Futter für Schweine. Für die Menschen waren sie früher ebenfalls ein fester Bestandteil der Nahrung: Durch Mahlen der Eicheln gewann man ein süßliches Mehl.

DIE EICHE ALS BONSAI

Standort: Er sollte sonnig sein und im Sommer nicht in der prallen Sonne liegen. Im Winter schützt man das Bonsai-Gefäß mit Stroh oder Blättern vor dem Durchfrieren.
Umtopfen: Man topft im Abstand von zwei bis drei Jahren jeweils im Frühjahr um. Dabei kürzt man die Wurzeln um die Hälfte ein, ohne die Hauptwurzel zu schädigen.
Substrat: Geeignet ist gut durchlässige Erde, die zu gleichen Teilen aus Heide- oder Lauberde, Sand, grobkörnigem Flußsand und Gartenerde bestehen sollte.
Schnitt: Während der Wachstumsperiode die Triebe bis auf zwei Blattpaare einkürzen. Das Beschneiden der Äste oder Triebe nimmt man im Februar/März vor. Die Gipfelknospen der nicht beschnittenen Triebe werden herausgebrochen.
Wässern: Von April bis September reichlich gießen, dabei die Erde vor jedem Gießen oberflächlich abtrocknen lassen. Ein Besprühen der Baumkrone in der warmen Jahreszeit wirkt sich günstig auf das Wachstum aus.
Düngen: Im Wachstum von Frühling bis Herbst organischen Langzeitdünger verabreichen.

Stieleiche, Höhe 77 cm, geneigte Form (Shakan)

DIE ROTBUCHE

Die Rotbuche gilt von alters her als die Königin unter den Buchen. Ihr Laubkleid nimmt im Herbst die faszinierendsten Schattierungen von Gelb bis Rot an und bleibt den ganzen Winter hindurch erhalten.

Unter den Laubbäumen Europas nimmt die Rotbuche *(Fagus silvatica)* sicher eine ganz besondere Stellung ein. Kaum ein anderer Baum ist so oft wie sie anzutreffen. Deshalb kommt ihr in der Familie der Buchen mit Recht die Bezeichnung Königin zu.

Schon seit Jahrhunderten hat die Rotbuche eine sehr große Bedeutung bei den Menschen. Wer kennt nicht die alte Volksweisheit: „Vor den Eichen mußt du weichen, doch die Buchen mußt du suchen." Tatsächlich aber trifft es bei Gewitter nur bedingt zu, daß die Buche seltener von einem Blitz getroffen wird. Untersuchungen zufolge wird die Rinde der Buche nämlich schneller vom Regen benetzt, so daß die Außenableitung des Blitzes deutlich gefördert wird.

Auch alte Bauernregeln beweisen ihre Bedeutung. Von dem Zeitpunkt des Austriebs wurde auf den Erntetermin geschlossen, von der Menge des Fruchtansatzes auf die Härte des Winters. Außerdem ist im deutschen Sprachraum kein Baum in Ortsnamen so häufig anzutreffen wie die Buche.

Die Rotbuche kann bis zu 50 m hoch werden und weist, wenn sie im Wald wächst, einen schlanken und auffallend eleganten Stamm auf, der sich erst in einiger Höhe allmählich zu verzweigen beginnt. Während kalter und klarer Wintertage erzeugt der Kontrast zwischen dem Rot des abfallenden Laubes und dem Weißgrau der Stämme ein faszinierendes Schauspiel. Die Wurzeln breiten sich bei älteren Exemplaren horizontal im Erdreich aus und verleihen dem Baum ein Aussehen von enormer Stärke.

Die Rotbuche ist in Mittel-, West- und Südeuropa beheimatet. Sie liebt feuchtes, leicht saures Erdreich. In Deutschland ist sie der am meisten verbreitete Laubbaum. Häufig trifft man auch reine Buchenwälder von den Ebenen bis ins Gebirge an. In den Alpen gedeihen die Rotbuchen bis etwa in 1600 m Höhe.

Buchenholz besaß schon immer einen hohen Nutzwert, denn es ist sehr leicht zu bearbeiten, und man kann es, obwohl es eigentlich nicht elastisch ist, unter Dampfeinwirkung biegen. Es eignet sich zur Herstellung von Spielzeug, Möbeln oder Parkettfußböden.

Der lateinische Gattungsname *Fagus* leitet sich vermutlich vom griechischen Wort *faghein* (essen) ab. Denn früher stellten die Früchte der Buche, Bucheckern genannt, für den Menschen ein durchaus wichtiges Nahrungsmittel dar. Beispielsweise wurde während des Ersten Weltkriegs aus gerösteten Bucheckern sogar ein Kaffeesurrogat gewonnen. Der deutsche Name „Buche" kommt von „Buch", da die Schreibtafeln zuerst aus Buchenholz geschnitten waren. Der Zusatz „Rot" bezieht sich auf die Farbe des Holzes.

Die Bedeutung der Buche offensichtlich schon in der Antike zeigt sich daran, daß es in Rom einen Tempel namens *Jupiter Fagutalis* gab, der dem „Jupiter der Buche" geweiht war. Dieser Tempel befand sich nahe einer großen Buche, die als Heiligtum verehrt wurde.

Rotbuche (Fagus silvatica)

Stamm: Der zylindrische, gerade wachsende Stamm besitzt eine silbergrau gefärbte, glatte Rinde. Aus dem schweren, sehr kompakten und harten Holz kann eine hochwertige Zellulosemischung für die Herstellung von Papier bereitet werden. Bei der Destillation von Buchenholz fällt eine Substanz an, das Kreosot. Man gewinnt daraus Guajakol, das in der Pharmazie für die Zubereitung heilsamer Säfte verwendet wird.
Blätter: Sie gehören zum Faszinierendsten an einer Buche. Im Frühling sind sie lindgrün gefärbt und an den Rändern seidig gewimpert. Sie sind kurz gestielt, besitzen eine deutliche Nervatur und gewellte Ränder. Im Sommer nehmen sie eine dunkelgrüne Färbung an, und später im Herbst warten sie mit mannigfaltigen Nuancen von Gelb bis Rot auf. Da die Buche in relativ kühlen Regionen beheimatet ist, fallen die vertrockneten Blätter erst im Frühjahr ab und schützen auf diese Weise die neuen Knospen.
Früchte: Bucheckern wachsen stets paarweise und sind umgeben von einem braunen, verholzten und stacheligen Fruchtbecher, der sich im Herbst mit vier Klappen öffnet. Die Bucheckern erscheinen sehr unregelmäßig, in Abständen von etwa fünf bis zehn Jahren. Vielleicht wurde aus diesem Grund Bucheckernöl niemals industriell genutzt, obwohl es hinsichtlich der Qualität nur von Olivenöl übertroffen wird.

DIE BUCHE ALS BONSAI

Standort: Buchen vertragen zwar Sonne, doch sollten sie im Sommer einen halbschattigen Standort erhalten, um unschöne Verbrennungen an den Blättern zu vermeiden. Sie können im Winter im Freien stehen, solange man die Wurzeln mit Stroh oder Blättern schützt oder das Bonsai-Gefäß bis zum Rand in Erde einsenkt.
Umtopfen: Man sollte alle zwei bis drei Jahre im März/April umtopfen. Die Wurzeln dabei um die Hälfte einkürzen.
Substrat: Zu empfehlen ist im allgemeinen eine Mischung aus Gartenerde und grobkörnigem Flußsand zu gleichen Teilen.
Schnitt: Die neuen Triebe bis auf zwei oder drei Blattpaare einkürzen, da sie zu übermäßigem Längenwachstum neigen. Äste und Zweige beschneidet man im März/April vor dem Austrieb oder auch schon im September nach Ende der Vegetationsperiode.
Wässern: Im Frühjahr und Sommer reichlich gießen. Die Blätter nicht bei Sonne besprühen, um Verbrennungen zu vermeiden. Im Herbst und Winter mäßig, bei Frost niemals wässern.
Düngen: Man düngt von Frühjahr bis Herbst mit organischem Langzeitdünger oder einmal pro Woche flüssig von April bis Ende August.

Rotbuche, Höhe 76 cm, geneigte Form (Shakan)

DIE HAINBUCHE

Mit ihrer dichten und ausladenden Baumkrone filtert die Hainbuche im Sommer ein zartes grünes Licht. Zu Füßen dieser Bäume breiten sich auf einem immerwährenden Blätterteppich Gras- und Moosflächen aus. So entsteht eine faszinierende und zauberhafte Atmosphäre.

Die Hainbuche *(Carpinus betulus)* war schon immer ein fester Bestandteil der Pflanzenwelt Zentraleuropas. Erstaunlicherweise fand sie aber, obwohl sie zu einem stattlichen Baum von 25 m Höhe heranwachsen kann, oft keine sehr große Beachtung. Der Grund dafür liegt vermutlich darin, daß sie zwar durchaus größere Bestände in Laubmischwäldern bildet, reine Hainbuchenwälder dagegen kaum existieren. Auch in Hecken und Gebüschen ist sie nur im Verband mit anderen Pflanzen anzutreffen. Vielleicht wurde sie von vielen auch einfach für eine andere Buche gehalten.

Noch verwunderlicher wird dieser Umstand, wenn man bedenkt, daß das Holz der Hainbuche schon lange Zeit eine ganz vielfältige Verwendung fand. Es wurde als Material für das Räderwerk von Windmühlen, für Radnaben und -speichen, Handwerksgerät und Werkzeugstiele verwendet.

Daß das Holz der Hainbuche auch zu landwirtschaftlichen Geräten verarbeitet wurde, können wir aus ihrem lateinischen Gattungsnamen *Carpinus* folgern. Dieser Name ist keltischen Ursprungs und setzt sich zusammen aus *car* (Holz) und *pin* (Kopf), denn aus dem Holz wurden die Joche für Ochsen gefertigt, die man über der Stirn anlegte.

Hainbuchenholz brennt sehr gut und liefert eine ausgezeichnete Holzkohle, die vor allem bei der Schwarzpulverherstellung gebraucht wird. Der deutsche Name „Hain" leitet sich ab von dem althochdeutschen Wort *hagan* für Einfriedung, Buschwerk und Hain, da die Hainbuche seit jeher als Heckenpflanze diente.

Hainbuche (Carpinus betulus)

Hainbuchen sind in Südostengland, Südschweden, Mittel- und Südeuropa bis hin zum Kaukasus beheimatet und gedeihen in Höhen bis 900 m. Ihre dichte und ausladende Baumkrone filtert im Sommer ein zartes grünes Licht.

Vielleicht nennen die Franzosen die Hainbuche aus diesem Grund *charme* (Zauber). Die Meister des Formschnitts, die Gärtner, die allein mit ihren Scheren den Hecken und Büschen die wundersamsten Formen verleihen, benutzten schon immer die Hainbuche für ihre Skulpturen. Denn wie Buchsbaum und Eibe verträgt auch die Hainbuche jeden noch so rigorosen Rückschnitt. Wenn sie zurückgeschnitten ist, behält sie fast den gesamten Winter hindurch die trockenen Blätter an den Zweigen.

In größeren Hainbuchenbeständen breiten sich zu Füßen dieser Bäume auf einem immerwährenden Teppich brauner, trockener Blätter vereinzelt Gras- und Moosflächen aus, wodurch eine bisweilen geradezu magische und faszinierende Atmosphäre entsteht.

Vielleicht auch aus diesem Grund trägt die Hainbuche in Frankreich den Namen *charme* (Zauber). Und die Meister des Formschnitts, die Gärtner, benutzten die Hainbuche schon immer als natürliches Material für ihre oft ebenso wundersamen wie einzigartigen Skulpturen.

Stamm: Der aufrechte Stamm hat zahlreiche längsverlaufende Furchen, wodurch sein Querschnitt sehr unregelmäßig erscheint. Die glatte Rinde zeigt eine graue Färbung mit schwarzen Schattierungen und reißt später mitunter längs auf. Das gelbliche Holz ist sehr hart mit deutlichen Jahresringen.
Blätter: Die Blätter sind im Austrieb gefältelt, später oval mit einer Spitze und an den Rändern doppelt gesägt. Sie sind auf der Oberseite dunkelgrün, unten heller gefärbt. Im Herbst nehmen sie zunächst eine gelbe Tönung an, werden dann braun und fallen erst gegen Winterende ab.

Früchte: Die kleinen Nüsse der Hainbuche, welche von dreiflügeligen Tragblättern umgeben sind, reifen im Oktober. Nicht selten bleiben sie aber den Winter über am Baum hängen. Erst bei stärkeren Windstößen lösen sie sich. Die bereits im Herbst abgefallenen Früchte keimen oft schon im Frühjahr, die erst im Frühjahr abfallenden dagegen im darauffolgenden Jahr.

Man bezeichnet die Früchte als Schraubenflieger, da sie, sich wie eine Schiffsschraube drehend, zu Boden sinken. Genaugenommen handelt es sich um Scheinfrüchte, da das Flugorgan nicht zur eigentlichen Frucht gehört.

DIE HAINBUCHE ALS BONSAI

Standort: Die an sich durchaus sonnenliebende Hainbuche bevorzugt im Sommer Halbschatten. In kleinen Bonsai-Gefäßen kultivierte Exemplare sollten dementsprechend auch im Winter möglichst an Standorten gehalten werden, die vor Wintersonne gut geschützt sind.
Umtopfen: Das Umtopfen erfolgt im Abstand von zwei bis drei Jahren im Frühling oder Herbst. Da die Hainbuche keine Staunässe verträgt, ist auf ausreichende Drainage zu achten.
Substrat: Hainbuchen lieben frisches, tiefes und lehmhaltiges Erdreich. Das Substrat sollte demzufolge aus zwei Teilen lehmiger Gartenerde und einem Teil grobem Flußsand bestehen.
Schnitt: Während der Wachstumsperiode die Knospen an den Triebenden sowie neue Sprosse entfernen, die andernfalls zu übermäßigem Längenwachstum neigen. Eine ausgewogene Wuchsform erzielt man durch einen Formschnitt der Äste und Zweige gegen Winterende.
Wässern: Während des Wachstums reichlich gießen, im Winter dagegen das Erdreich nur leicht feucht halten.
Düngen: Von April bis Oktober, mit Ausnahme der heißen Sommermonate, organischen Langzeitdünger verabreichen.

Hainbuche, Höhe 53 cm, Waldform (Yose-Ue)

DIE PAPPEL

Ob eine Pappelallee entlang einer Straße angelegt wurde oder einen Bachlauf säumt – sie wirkt in jedem Fall beeindruckend. Sie ist fester Bestandteil in einem von Flüssen und Kanälen durchzogenen Landschaftsbild.

Zu der Gattung der Pappeln *(Populus)* zählen ungefähr 160 verschiedene Arten. Sie sind vor allem in den nördlichen, gemäßigten Zonen verbreitet. Zusammen mit den Weiden, die der gleichen Familie angehören, beherrschen die Pappeln das Landschaftsbild vieler Niederungen in Europa. Da sie sich sehr leicht untereinander kreuzen lassen, haben sie als relativ schnell heranwachsende Bäume schon lange das Interesse vieler Züchter geweckt.

In unseren Breitengraden gedeihen vier Pappelarten: die Silber- *(Populus alba)* und die Schwarzpappel *(Populus nigra)*, die Zitterpappel *(Populus tremula)*, auch Espe genannt, sowie die Pyramidenpappel *(Populus nigra 'Italica')*. Die Pappeln zählen zur Familie der *Salicaceae*, und sie lieben das Wasser. Deshalb sind ihre natürlichen Standorte frische und tiefgründige Böden mit hohem Grundwasserspiegel oder Regionen, die von Flüssen und Kanälen durchzogen werden. Silber- und Schwarzpappeln sind in Mittel- und Süddeutschland bis in Höhen von 1500 m verbreitet, die Zitterpappel steigt sogar in Höhen bis 1800 m empor und gedeiht auch auf steinigem und leicht abrutschendem Untergrund, da sie mit ihren kräftigen Wurzeln ausreichend Halt findet. Pappeln erreichen beträchtliche Ausmaße von etwa 30 – 40 m Höhe und haben eine Lebensdauer von teilweise mehr als dreihundert Jahren.

Sie sind Windblütler, und ihre Früchte bestehen aus Kapseln mit zahlreichen Samen, die an der Basis von langen, weißen Haaren umgeben sind. Weil die fruchtenden Bäume im Hochsommer, wenn die Samen ausfliegen, in wahre Wolken von Wolle gehüllt sind, bevorzugt man an öffentlichen Plätzen männliche Exemplare. Die Pyramidenpappel ähnelt mit ihrem säulenförmigen Wuchs der Zypresse.

Die Bäume gedeihen auch auf Böden, welche anderen Pflanzenarten Probleme bereiten würden. Verschiedene Pappel-Arten haben als Nutzhölzer schon lange große Bedeutung erlangt. Ihr weiches, mäßig schweres, gut spaltbares Holz wird etwa in der Möbelindustrie genutzt, für Flechtwerk oder Zigarrenkisten. Auch wird aus Pappelholz Zellulose für die Papierindustrie hergestellt.

Wirkstoffe aus den Knospen der Schwarzpappel sind zur äußerlichen Anwendung bei chronischen Knochenleiden empfohlen. In der Volksheilkunde werden sie in Salbenform als Wundheilmittel schon lange eingesetzt.

Viele Pappel-Arten werden als Ziergehölze gerne in Gärten und Parkanlagen gepflanzt. Auch als Alleebaum gewinnt sie gerade in den letzten Jahren immer mehr an Bedeutung.

Die Pappel steht im Mittelpunkt zahlreicher Legenden und Volksweisheiten. So erzählt man sich, daß Gewissensbisse die Blätter der Espe erzittern lassen, da das Kreuz Jesu Christi aus ihrem Holz gefertigt wurde. Mit großer Wahrscheinlichkeit entstand auch die Redewendung „Zittern wie Espenlaub" aus der Beobachtung heraus, daß sich die Blätter einer Zitterpappel selbst beim geringsten Windhauch unaufhörlich bewegen.

Silberpappel (Populus alba)

Stamm: Alle erwähnten Pappeln weisen einen geraden, schlanken Stamm auf. Die Rinde der Silberpappel ist zunächst weiß und glatt, dunkelt später nach und zeigt an der Basis eine längsrissige Borke. Der Stamm der Schwarzpappel ist anfangs braungrau, färbt sich relativ schnell schwärzlich und hat eine tiefrissige Borke. Junge Zitterpappeln besitzen eine glatte, graugrüne Rinde, die im Alter dunkelgrau und rissig wird. Die Pyramidenpappel schließlich zeichnet sich aus durch ihre bräunliche, von tiefen Rillen durchzogene Rinde.

Pappelholz ist weich und von mittlerer Qualität. Außer zur Herstellung von Papier wird es zur Fertigung von Versandkisten, Holzschuhen und Streichhölzern verwendet oder als Blindholz beim Möbelbau eingesetzt.

Blätter: Sie sind herzförmig, oval oder leicht gelappt. Die Blätter der Silberpappel besitzen eine silbrige Unterseite, die der anderen Arten sind hellgrün und nur bei der Pyramidenpappel etwas dunkler und leicht ledrig. Alle Blätter weisen mehr oder weniger gesägte Ränder auf.

Die Knospen der Blüten werden im Frühjahr gesammelt und getrocknet und zur Behandlung von Arthritis und Rheuma eingesetzt, da sie die Ausscheidung von Harnsäure fördern. Eine bernsteinfarbene, klebrige Masse sondern die Knospen der Schwarzpappel ab. Sie werden für verschiedene Zwecke in der Medizin eingesetzt.

DIE PAPPEL ALS BONSAI

Standort: Von April bis Oktober sollte die Pappel an hellen, leicht schattigen Standorten ohne starke Sonneneinstrahlung stehen. Sie überwintert am besten im Kalthaus.

Umtopfen: Man topft jährlich im Frühjahr vor dem Öffnen der Knospen um und schneidet bei dieser Gelegenheit auch die Wurzeln zurück.

Substrat: Das Erdreich muß nährstoffreich sein und sollte zu gleichen Teilen aus Heideerde oder Torf, grobkörnigem Sand und Gartenerde bestehen. Ausreichende Drainage ist wichtig, da Pappeln zwar Feuchtigkeit lieben, jedoch keine Staunässe vertragen.

Schnitt: Äste und Zweige werden in den Frühjahrsmonaten vor dem Austrieb beschnitten. Im Laufe der Wachstumsperiode schneidet man die Neuaustriebe in regelmäßigen Abständen immer wieder so weit zurück, wie es die jeweilige Baumform verlangt.

Wässern: Im Sommer reichlich gießen, im Winter und Frühjahr hingegen das Erdreich mäßig feucht halten.

Düngen: Man düngt im allgemeinen vom Frühling bis zum Herbst im Abstand von ungefähr 15 bis 20 Tagen am besten mit einem Flüssig- oder Langzeitdünger.

Pappel, Höhe 35 cm, Halbkaskade (Han-Kengai)

DIE ULME

Die Ulme besticht im Sommer durch ihre ausladende, dunkelgrüne Krone. Auch im Winter büßt sie nichts von ihrer Erhabenheit ein, wenn die kahlen, braunen Zweige einen eindrucksvollen Kontrast zum grauen Himmel bilden.

Das Verbreitungsgebiet der Ulme *(Ulmus minor)* umfaßt Europa, Kleinasien, den Kaukasus, Nordiran und Nordafrika. Die Ulme bevorzugt Tieflagen oder leichtes Hügelland bis in 500 m Höhe mit ausreichender Feuchtigkeit, gedeiht aber auch problemlos auf kalkhaltigen Böden. Ihre imposante Erscheinung bewahrt sie sich das ganze Jahr hindurch: Im Sommer beeindruckt ihre ausladende, dunkelgrüne Krone, und selbst im Winter bilden ihre kahlen braunen Zweige einen eindrucksvollen Kontrast zum grauen Himmel. Im Frühjahr entwickelt sie unzählige Blütenbüschel, die den Baum mit einem rötlichen Schleier umgeben.

Im April entwickeln sich aus den fruchtbaren Blüten sogenannte Flügelfrüchte. Sie bestehen aus einem rötlichen Samen, der von einer fast transparenten, häutig geflügelten Samenkapsel umgeben wird. Im Mai fallen die Früchte in kreisenden Bewegungen ab und lassen sich vom Wind forttragen. Erst dann erscheinen die ersten Blätter.

Zur Gattung *Ulmus* gehören etwa zwanzig Arten laubabwerfender Bäume. In West- und Südeuropa kommen vor allem Hybriden vor, Kreuzungen zwischen der Feld- und der Bergulme, die Namen wie Belgische oder Holländische Ulme tragen. Eine Kreuzung mit besonders hoher und ausladender Krone ist die Huntingdon-Ulme. Von den französischen Formen wird meistens die Jersey-Ulme gepflanzt, die wegen ihrer schmalen Krone und ihren langen, steilen Ästen oft Straßen und Gärten schmückt.

Die Bäume können bis zu 40 m hoch werden und ein Alter von vierhundert Jahren erreichen. Versteinerungen beweisen, daß sich die Hauptmerkmale der Ulme, die beidseitig ungleiche Form der Blätter und die zweifache Zahnung der Blattränder, im Laufe der Geschichte nur wenig geändert haben.

Allerdings wurde der Ulmenbestand in Europa und den Vereinigten Staaten in diesem Jahrhundert durch das sogenannte „Ulmensterben" bis heute stark gefährdet. Diese Krankheit wird von einem mikroskopisch kleinen Pilz verursacht und durch den Ulmensplintkäfer verbreitet, der seine Eier in der Rinde von Ulmen ablegt. Zum ersten Mal brach diese Krankheit zwischen den zwei Weltkriegen aus und erreichte ihren Höhepunkt schließlich in den siebziger Jahren. Der krankheitserregende Pilz verstopft die unter der Rinde verlaufenden Wasserleitgefäße, durch die sich der Baum ernährt. In der Folge trocknet die gesamte Pflanze aus und stirbt innerhalb weniger Jahre ab. Diese Pilzkrankheit verursacht auch das Absterben selbst jahrhundertealter Bäume.

Den Ulmen kam von jeher eine große Bedeutung zu. Im Mittelalter galten sie als „Bäume der Gerechtigkeit", da den Richtern in den Dörfern keine Räumlichkeiten zur Verfügung standen und sie deshalb unter einer Ulme Gericht abhielten. Ulmen waren jedoch auch in anderer Hinsicht nützlich. Die proteinhaltigen Blätter ergeben Viehfutter, und das harte Holz eignet sich zur Verarbeitung.

Feldulme (Ulmus minor)

Stamm: Der gerade Stamm ist bei jungen Bäumen von einer glatten, dunkelgrauen Rinde bedeckt. Die Rinde nimmt im Lauf der Jahre eine dunkelbraune Färbung an und weist tiefe Längsrisse auf. Aus ihr gewinnt man Farbe und verwendet sie in Gerbereien.

Das harte Holz ist wasserresistent und elastisch und wurde daher zu Stühlen, Radnaben, landwirtschaftlichem Gerät, Mühlrädern sowie Pfahlbauten verarbeitet. Heute wird das Holz in der Kunsttischlerei eingesetzt, wobei das braune Kernholz für Intarsienarbeiten dient.

Blätter: Die dunkelgrünen Blätter sind wechselständig, auf der Oberseite rauh und unterseits leicht behaart. Ihr Rand ist gesägt und asymmetrisch an der Basis, so daß die zwei Blatthälften am Stielansatz schräg versetzt aufeinandertreffen. Ulmenblätter wurden nicht nur als Viehfutter verwendet. Man bereitete aus ihnen auch Aufgüsse, die zur Wundheilung dienten.

DIE ULME ALS BONSAI

Standort: Ulmen lieben sonnige Standorte, gedeihen jedoch auch im Halbschatten. In den Sommermonaten sind sie in den Mittagsstunden vor direkter Sonne zu schützen, insbesondere, wenn die Pflanzen vor hellen Wänden stehen.

Umtopfen: Beim jährlichen Umtopfen im Frühjahr ist es sehr empfehlenswert, die Wurzeln zur Hälfte einzukürzen.

Substrat: Zu empfehlen ist eine Mischung aus zwei Teilen Gartenerde und einem Teil grobem Flußsand.

Schnitt: Im Frühjahr werden neue Triebe bis auf zwei Blattpaare gekappt, was eine dichtere Verzweigung zur Folge hat. Werden zu große Blätter ausgebildet, kann bei gesunden, gut angewurzelten Pflanzen im Juni ein Blattschnitt erfolgen.

Wässern: Im Sommer reichlich gießen. Staunässe ist zu vermeiden. Im Herbst die Wassergaben reduzieren und im Winter so gering halten, daß das Substrat nicht austrocknet.

Düngen: Von Frühling bis Herbst organischen Langzeitdünger verabreichen; im Juli und August nicht düngen.

Feldulme, Höhe 43 cm, frei aufrechte Form (Moyogi)

DIE LINDE

Die Linde erscheint in vielen Mythen als der Baum der Freundschaft und der Liebe. Man brachte ihr früher sogar Opfer dar, um Schutz und eine reiche Ernte zu erflehen.

Der deutsche Name Linde hat seinen Ursprung vermutlich in dem angelsächsischen Wort „lind", was soviel bedeutet wie „weich" und „geschmeidig" und auf den geschmeidigen Bast oder das weiche Holz zurückzuführen ist. So wird das Lindenbastgewebe von alters her zu den verschiedensten Zwecken verwendet. Auch heute noch werden daraus Matten und Säcke hergestellt.

Sicher ist jedem der wohltuende Duft der Lindenblüten bekannt. Aufgekochte Blüten sollen gegen Nervenleiden wirken, und das aus ihnen gewonnene ätherische Öl übertrifft alle anderen an Feinheit des Duftes.

Wichtig sind die Blüten auch als Bienenfutter. Ihretwegen galt die Linde im Mittelalter als „des Heiligen Römischen Reiches Bienengarten". Reiner Lindenblütenhonig ist auch heute noch eine begehrte Delikatesse.

Einige Schriften belegen, daß bereits Griechen und Römer Zierpflanzungen mit Linden anlegten und Wege und Straßen beschatteten.

Wie alle anderen bedeutenden Pflanzen ist auch die Linde Gegenstand zahlreicher Legenden. Eine Sage erzählt von Philemon und Baucis, einem armen Ehepaar, das kaum etwas zu essen hatte. Eines Abends klopften Zeus und Hermes in der Gestalt notleidender Wanderer an ihre Tür und baten um Nahrung. Trotz ihrer Armut boten Philemon und Baucis den Göttern an, sich zu stärken und am Feuer zu wärmen. Gerührt von solcher Großherzigkeit, offenbarten Zeus und Hermes ihre wahre Identität und forderten Philemon und Baucis auf, einen Wunsch zu äußern, den sie ihnen erfüllen wollten. Die zwei erbaten weder Reichtümer noch Gesundheit, sie wollten lediglich zur gleichen Zeit sterben und auf diese Weise immer miteinander vereint bleiben. Als sie starben, verwandelte Zeus Philemon in eine große Eiche und Baucis in eine duftende Linde. Die beiden Bäume standen so dicht beieinander, daß sich ihre Zweige in einer unendlichen Umarmung zu vereinen schienen.

Sommerlinde (Tilia platyphyllos)

In der Mythologie erscheint die Linde stets als Baum mit weiblichem Wesen und als Symbol der Freundschaft. Von Deutschland bis hin zum Ural waren die Linden heilige Bäume. In einigen Regionen Rußlands beispielsweise brachten Frauen einem Lindenbaum Opfer, um Schutz und eine reiche Ernte zu erflehen. Unter den Linden wurde Gericht gehalten, wurden Urteile vollzogen und ... man tauschte den ersten Kuß.

Die Straßen in vornehmen Wohngebieten waren und sind noch heute von hohen Linden gesäumt. So besticht auch die Prachtstraße „Unter den Linden" in Berlin durch ihre Eleganz und ist erfüllt von romantischem Flair.

Der botanische Gattungsname des Baumes *Tilia* umfaßt etwa 25 Arten, welche teilweise nur schwer voneinander abzugrenzen sind. In unseren Breiten finden sich vor allem die Winterlinde *(Tilia cordata)* als prächtiger Alleebaum, die Sommerlinde *(Tilia platyphyllos)* und die Silberlinde *(Tilia tomentosa)* als Zierbaum in Parkanlagen und Gärten.

Stamm: Die Winterlinde besitzt einen geraden Stamm mit einer zunächst glatten dünnen Rinde, die sich später dunkelgrau färbt und Längsrisse aufweist. Die Sommerlinde bestiche mit einer dunkelgrauen, von feinen, senkrechten Furchen durchzogenen Rinde. Die ebenfalls verbreitete Silberlinde zeigt eine leicht längsrissige, graue Borke.

Das Holz ist gelbweiß bis rötlich und eignet sich als Schnitzholz sowie für Holzschuhe, Zeichenstifte, Klaviertasten und Klangkörper für Musikinstrumente. Lindenholz ist gut brennbar. Außerdem liefert es feine Holzkohle für Schießpulver und Zeichenkohle.

Blätter: Sie sind herzförmig, am Rand fein gesägt, auf der Oberseite dunkelgrün und an der Unterseite in der Regel hellgrün, manchmal auch blaugrün. Die Blätter färben sich im Herbst gelb und fallen dann ab.
Früchte: 5 – 8 mm große Nüsse hängen meist in Dreier- oder Vierergruppen an einem trockenhäutigen Flugblatt, mit dem sie im Herbst abfallen und spiralförmig durch die Luft getragen werden, was die Aussaat begünstigt. 4 – 9 intensiv duftende gelbgrüne Blüten sind jeweils in einer hängenden Trugdolde vereint.

DIE LINDE ALS BONSAI

Standort: Linden bevorzugen sonnige, in den heißen Sommermonaten halbschattige Standorte. Obwohl Linden im allgemeinen frostbeständig sind, sollte das Bonsai-Gefäß vor dem Durchfrieren geschützt werden.
Umtopfen: Man topft im Abstand von zwei Jahren jeweils im Frühling um, dabei schrittweise die Hauptwurzel kürzen.
Substrat: Die ideale Mischung besteht aus Heideerde, grobem Flußsand und Gartenerde zu gleichen Teilen.
Schnitt: In der Wachstumsphase wiederholt die neuen Triebe kappen. Nur wenn die Linde eine neue Hauptverzweigung bilden soll, was ungefähr innerhalb eines Jahres möglich ist, läßt man die Triebe stehen.
Wässern: In der Wachstumsphase regelmäßig gießen. Im Herbst und Winter das Substrat lediglich leicht feucht halten.
Düngen: Von April bis Oktober organischen Langzeitdünger verabreichen. Im Juli und August ist ein Düngen nicht erforderlich.

Sommerlinde, Höhe 78 cm, Besenform (Hokidachi)

DER ZÜRGELBAUM

Einen geraden, majestätischen Wuchs nimmt der Zürgelbaum an, wenn er auf fruchtbarem Boden gedeiht. Manche Exemplare können unter günstigen Bedingungen bis zu 500 Jahre alt werden.

Die Zürgelbäume *(Celtis)* gehören zu der Familie der Ulmengewächse. Tatsächlich entdeckt man bei näherer Betrachtung eine Ähnlichkeit mit den Ulmen. Was die Zürgelbäume von den Ulmen unterscheidet, sind ihre Früchte: rote, gelbe oder schwärzliche beerenartige Steinfrüchte, im Gegensatz zu den trockenen, flachen und geflügelten Ulmenfrüchten. Allerdings lohnt es sich kaum, die Zürgelbäume wegen ihrer Früchte anzupflanzen. In ihrem allgemeinen Erscheinungsbild sind Zürgelbäume wie kleine, ausladende, kuppelkronige und leuchtendgrüne Ulmen. Sie werden bis zu 15 m hoch. Zum Glück wurden die Zürgelbäume vom „Ulmensterben" verschont, welches weltweit die Ulmenbestände erheblich dezimiert hat.

Ihren Name verdanken die Zürgelbäume der Tatsache, daß aus ihrem Holz früher Peitschenstiele gefertigt wurden, denn der lateinische Name *celtis* bedeutete Peitsche. Aus dem festen und elastischen Holz kann man Holzblasinstrumente herstellen und es für Bildhauerarbeiten („Triester Holz") verwenden.

Dem Südlichen Zürgelbaum kann Trockenheit kaum etwas anhaben, und er liebt kalkhaltige Böden, so daß er häufig zum Aufforsten karger und steiniger Regionen eingesetzt wird. Man findet ihn in mediterranen und submediterranen Laubwäldern und im Felsgebüsch. Sein Verbreitungsgebiet reicht von Südeuropa bis nach Nordafrika und Westasien. In Deutschland sind Zürgelbäume nur sehr selten anzutreffen, denn für den Südlichen Zürgelbaum ist es bei uns zu kalt. Robuster hingegen ist der Abendländische Zürgelbaum, *Celtis occidentalis,* der im Osten Nordamerikas heimisch ist. Das besondere an ihm ist seine außergewöhnliche Borke: Im mittleren Alter bedeckt er seinen Stamm mit dicken Korkwülsten, die in größeren Abständen meist senkrecht, zum Teil aber auch in anderen Richtungen angeordnet sind.

Bereits die Römer pflanzten den Zürgelbaum in ihren Gärten. Früher war er häufig in öffentlichen Parkanlagen und entlang der Straßen in Städten zu finden. Er kann ein Alter von fünfhundert Jahren erreichen und nimmt auf fruchtbarem Gelände einen geradezu majestätischen Wuchs an. Der Zürgelbaum gehört zu den anspruchslosen Gewächsen, die überall gut gedeihen, und er steigt in seiner Heimat bis in Höhen von 800 m empor.

Seine relativ weite Verbreitung ist das Werk des Menschen, der ihn immer wieder neu anpflanzte. Vögel und kleine Säugetiere tragen zur Verbreitung seiner Samen bei, da sie das wohlschmeckende Fruchtfleisch lieben.

Die grünen Blüten haben eine Hülle von einem Quirl (Kelch) und kommen gewöhnlich im Frühjahr mit dem neuen Laub hervor. Sie sind zweigeschlechtlich oder männlich; beide können auf dem gleichen Baum vorkommen. Die Frucht von *Celtis australis,* dem Südlichen Zürgelbaum, soll der Lotos der homerischen Lotosesser gewesen sein. *Australis* bedeutet in diesem Zusammenhang nur „südlich" und bezeichnet seine Heimat, das Mittelmeergebiet.

Südlicher Zürgelbaum (Celtis australis)

Stamm: Der Stamm besonders älterer Exemplare kann beträchtliche Ausmaße erreichen. Das grünlich-weiße Holz ist sehr kompakt, schwer und elastisch. Aus ihm werden Ruder, mechanische Teile für Fuhrwerke wie Wagenräder, Speichen oder Achsen sowie Musikinstrumente gefertigt. Außer dem Tannin, einem natürlichen Gerbstoff, wird aus der Rinde ein gelber Stoff zum Färben von Seide gewonnen. Aufgüsse der Wurzeln sollten die Epilepsie heilen.
Blätter: Sie sind wechselständig, 5 – 15 cm lang, weisen gesägte Ränder auf und fühlen sich rauh an. Ihre Oberseite ist dunkelgrün, die Unterseite fast silbergrau. Vor dem Laubfall nehmen die Blätter eine attraktive gelbe Färbung an. Wenn im Frühling neue Blätter erscheinen, sind sie als Tierfutter geschätzt.
Früchte: Nach der Blüte bilden sich beerenähnliche, etwa 5 mm große gelbliche Früchte, die sich mit zunehmender Reife schwarzviolett färben. Die eßbare Frucht ist allerdings bei den Vögeln beliebter als bei den Menschen. Früher stellte man aus den sehr harten Samen oftmals Lippenstift her.

DER ZÜRGELBAUM ALS BONSAI

Standort: Ein sonniger Standort, der im Sommer vor praller Sonne geschützt ist. Der frostempfindliche Zürgelbaum sollte im Haus an einem hellen Platz bei 0 bis 5 °C überwintern.
Umtopfen: Alle zwei bis drei Jahren topft man im Frühling um. Zürgelbäume entwickeln ein umfangreiches Wurzelwerk, deshalb sind relativ große Bonsai-Gefäße zu verwenden.
Substrat: Zürgelbäume sind anspruchslos, doch empfiehlt sich mit Sand und Torf angereicherte Gartenerde. Auf ausreichende Drainage achten, da Staunässe nicht vertragen wird.
Schnitt: In der Wachstumsperiode die neuen Triebe bis auf zwei Blattpaare kappen. Äste und Zweige vor dem Öffnen der Knospen zurückschneiden, um die Wuchsform zu erhalten.
Wässern: Im Frühjahr und Sommer regelmäßig gießen, dabei das Erdreich zuvor stets abtrocknen lassen. Im Winter feucht halten.
Düngen: Von April bis Oktober, außer August, organischen Langszeitdünger verabreichen. Zu schnell wirkender mineralischer Dünger kann übermäßiges Triebwachstum und so einen unausgewogenen Habitus zur Folge haben.

Südlicher Zürgelbaum, Höhe 50 cm, Zwillingsstamm (Sokan)

DIE ERLE

Das Holz der Erlen färbt sich, sobald es geschnitten wird, rot. Diese Tatsache fand Eingang in alte Legenden, die einen Zusammenhang mit den Mächten der Finsternis herstellten.

Vermutlich stammt die Erle ursprünglich aus Zentraleuropa, breitete sich dann im Westen bis zur spanischen Halbinsel und im Osten bis nach Sibirien aus und gelangte schließlich nach Nordafrika. Sie ist vielleicht seit frühesten Zeiten auch eine der am weitesten verbreiteten dem Menschen bekannte Pflanze. Ihr Ursprung sollte in den Regionen Zentraleuropas gesucht werden, da sie sehr häufig in den Legenden dieser Länder erwähnt wird. Ihr lateinischer Name *Alnus* leitet sich wahrscheinlich von den keltischen Worten *al lan* ab, was gleichbedeutend ist mit „entlang des Wassers" oder „entlang der Ufer".

Viele alte deutsche Legenden erzählen von dem weißen Erlenholz, das sich, sobald es geschnitten wird, orangerot färbt. Dieses Phänomen beflügelte die Phantasie der Menschen, und man schrieb der Erle etwas Beängstigendes, wenn nicht sogar Teuflisches zu. Man glaubte, daß dieses Rot Blut symbolisiere und es den Hexen beim Fällen einer Erle gelänge, Tote wieder zum Leben zu erwecken.

Schubert vertonte Goethes berühmte Ballade vom Erlkönig, bei dem es sich ursprünglich um den „König der Elfen" handelte. Da jedoch Herder bei der Übersetzung der dänischen Legende *Ellaerkonge* (Elfenkönig) mit *Ellerkonge* (Erlenkönig) verwechselte, wurde schließlich der „König der Erlen" daraus. Für die keltische Bevölkerung Nordeuropas war sie ein heiliger Baum. Daher wurde beispielsweise in Irland das Haus dessen, der für das Fällen einer Erle verantwortlich war, niedergebrannt. Die Erle verdankt diese Macht vermutlich einigen biologischen Eigenschaften: Abgesehen von dem Phänomen der Verfärbung sind die Blätter und Zweige von einem klebrigen Pflanzensaft überzogen, und die Blätter behalten ihre grüne Färbung bis zum Laubfall bei. Weiterhin sprießen die männlichen Blütenkätzchen bereits zu Winterbeginn und weisen, bevor sie sich im Frühjahr öffnen, ein extremes Längenwachstum auf.

In Deutschland sind drei Erlenarten heimisch: die Schwarz- oder Roterle *(Altus glutinosa)*, die Grau- *(Altus incana)* sowie die Grünerle *(Altus viridis)*. Ihr Verbreitungsgebiet reicht von Tieflagen bis zu Höhen von 2200 m. Die bis zu 35 m hohe Schwarzerle liebt staunasse, zeitweilig überflutete Böden. Die Grauerle wächst vornehmlich im Gebirge auf 500 – 1500 m, in den Auwäldern von Gebirgsflüssen oder -bächen. Sie flieht staunasse Böden und gedeiht auf feuchtem, sickernassem Grund, verträgt jedoch trotzdem mehr Trockenheit als die Schwarzerle. Die Grünerle ist in Lagen von 1500 bis 2000 m heimisch, wo sie vereinzelt an Wegböschungen und Bachufern anzutreffen ist.

Alle Erlenarten können aufgrund ihrer Symbiose mit sogenannten Strahlenpilzen die Qualität des Bodens nachhaltig verbessern. Diese Strahlenpilze verursachen in den büscheligen Wurzelverzweigungen knöllchenartige Verdickungen, die Luftstickstoff binden und auf diese Weise die Stickstoffversorgung des Bodens beeinflussen.

Grünerle (Alnus viridis)

Stamm: Wenn Erlen keine Mehrfachstammform annehmen, besitzen sie einen geraden, schlanken Stamm, dessen regelmäßige Verzweigungen eine ovale Krone bilden. Die zunächst hellbraune und glatte Rinde der Schwarzerle färbt sich später schwarzbraun und wird rissig, die der Grauerle ist glatt und silbergrau, während die glatte Rinde der Grünerle eine dunkelbraune Färbung besitzt. Das Holz ist zwar relativ brüchig, wird jedoch nahezu unverwüstlich, wenn man es unter Wasser hält.
Blätter: Schwarzerlen treiben rundliche Blätter mit gesägtem Rand, die auf der Oberseite dunkelgrün, auf der Unterseite heller gefärbt sind. Die Blätter der Grauerle sind oval, doppelt gezähnt, an der Oberseite matt hellgrün und unterseits grau und behaart. Im Unterschied zur Grauerle sind die Blätter der Grünerle auf der Unterseite hellgrün.
Früchte: Konisch geformte, etwa 2 – 3 cm große, schmal geflügelte Zäpfchen bleiben häufig den ganzen Winter am Baum, nachdem ihre Samen bereits ausgefallen sind. Die Samen sind von knolligen Wucherungen bedeckt. Sie können schwimmen und werden so von Flußläufen weitertransportiert.

DIE ERLE ALS BONSAI

Standort: Vor allem in den warmen Monaten sollte der Standort halbschattig sein. Im Winter das Bonsai-Gefäß bis zum Rand in die Erde im Garten einsenken.
Umtopfen: Bereits fertig gestaltete Exemplare im Abstand von ungefähr drei bis vier Jahren jeweils im Frühjahr umtopfen; junge Bonsais jährlich umpflanzen.
Substrat: Ideal ist in diesem Falle eine Mischung, die sich in etwa aus 60% Gartenerde, 20% Torf oder Heideerde sowie 20% grobkörnigem Flußsand zusammensetzt.
Schnitt: In der Wachstumsphase junge Triebe, die dem Habitus nicht entsprechen, abschneiden. Um immer kleinere Blätter zu erzielen, kann man im Juni die Blätter beschneiden, es sei denn, die Pflanze wurde umgetopft.
Wässern: Es ist stets für viel Feuchtigkeit zu sorgen. Im Sommer kann es notwendig werden, mehrmals am Tag zu gießen.
Düngen: Von März bis September im Abstand von 20 bis 30 Tagen einen organischen Langzeitdünger verabreichen. Man kann auch wöchentlich mit einem Flüssigdünger nachdüngen.

Grünerle, Höhe 67 cm, streng aufrechte Form (Chokkan)

DER FELDAHORN

Im Sommer besticht der Feldahorn durch eine attraktiv leuchtende Grünfärbung, und seine Blätter, die sich ledrig anfühlen, verleihen der herbstlichen Landschaft gelbe und rote Farbtupfer.

Sicher ist es unabdingbar, auch die weniger auffälligen Bestandteile eines Systems zu kennen. Ein gutes Beispiel dafür ist das berühmte Bild der Mona Lisa von Leonardo da Vinci: Der Betrachter bewundert zunächst das Gesicht und das Lächeln dieses Mädchens, und erst sehr viel später nimmt er den Hintergrund wahr, der eine Hügellandschaft in der Toskana zeigt.

In einem jahrhundertealten Park eines Schlosses richtet sich unser Blick unweigerlich zunächst auf Bäume wie die enormen Zedern oder die Magnolien mit ihren großen weißen Blüten. Schweift unser Blick aber etwas weiter zu den Hecken oder den Einfassungsmauern, kann man auch die kleineren Bäume entdecken, die nicht weniger interessant sind. Zwischen den Hecken aus Weißbuchen, Liguster, Buchsbaum oder Berberitzen wird der Feldahorn, *Acer campestris*, sicher nicht unbemerkt bleiben.

Erfahrene Gärtner verstehen ihn für bisweilen überwältigende Effekte zu nutzen: Im Sommer besticht diese kleine Pflanze durch eine attraktiv leuchtende Grünfärbung, und ihre Blätter, die sich manchmal ganz ledrig anfühlen, verleihen der herbstlichen Landschaft gelbe und rote Pinselstriche.

Der Name „Feldahorn" rührt von der früheren Aufgabe der Pflanze her, Weinreben Schutz zu bieten, besonders dann, wenn diese zwischen Getreidefeldern wuchsen. Die lateinische Bezeichnung *acer* bedeutet „zugespitzt", „durchdringend", und ist möglicherweise ein Hinweis auf die spitz zulaufenden Blätter des Ahorns. Eine andere Deutung dieses Namens gründet sich auf dem Umstand, daß man aus Ahornholz, besonders dem Holz des Feldahorns, Lanzen und Speere für die Krieger fertigte.

Feldahorn (Acer campestris)

Der Feldahorn wächst, im Gegensatz zum Bergahorn, in Höhen bis zu 800 m. Er benötigt sonnigere Standorte und trockenere Böden, die idealerweise sehr kalkhaltig sind. Der Feldahorn gehört zu den am weitesten verbreiteten Bäumen unseres Landes.

Er wird zur Befestigung von Uferrändern gepflanzt, aber bisweilen auch als Nutzholz kultiviert. Da sein rötlich gefärbtes Holz leicht glänzt und elastisch ist, gilt es als wertvolles Material für Intarsien-, Drechsler- und Schnitzarbeiten sowie für Saiten- und Blasinstrumente. Außerdem ist auch der von den Blüten abgesonderte Nektar als wesentlicher Bestandteil des Waldhonigs für den Menschen von großem Nutzen.

Wird der Feldahorn nicht beschnitten oder als Hecke kultiviert, kann aus ihm ein schöner kleiner Baum werden, der mitunter auch 15 – 20 m Höhe erreicht. Der Feldahorn gedeiht im Flachland an Waldrändern oder Feldwegen sowie in lichten Buchen- und Eichenwäldern auf sandig-lehmigen Kalkböden oder in Eschen-Auwäldern. In nährstoffarmen Böden erreicht er dagegen nur Strauchgröße. Der Feldahorn kann immerhin ein Alter von hundertfünfzig bis zweihundert Jahren erreichen.

Stamm: Der häufig geneigte Stamm ist vielfach verzweigt und besitzt eine zimtbraune dicke Rinde, die von einem dichten Netz von Rissen überzogen wird. Charakteristisch für den Feldahorn sind seine jungen Triebe, die sich mitunter mit länglichen Korkleisten überziehen. Wird das Holz gut abgelagert, verbiegt es sich nicht mehr. Bevor man den Kunststoff erfand, wurde es daher als Material für Rechenschieber verwendet. Auch Billardqueues, die völlig ebenmäßig sein müssen, werden häufig aus dem Holz des Feldahorns hergestellt.

Blätter: Das dunkelgrüne Sommerlaub nimmt im Herbst, bevor es abfällt, eine rötlich-gelbe Färbung an. Die Blätter sind in der Regel dreilappig mit abgerundeten Spitzen. Bisweilen treiben auch fünflappige Blätter, wobei die zwei stielnahen Lappen nicht so stark ausgeprägt sind.
Früchte: Die Flügel der Spaltfrüchte sind waagerecht gespreizt, ähnlich wie die Rotorblätter eines Hubschraubers. Dies beweist, daß die Natur schon lange vor dem Menschen ausgefeilte „Transportmittel" erfand.

DER FELDAHORN ALS BONSAI

Standort: Ideal sind im allgemeinen sehr helle Standorte. Der widerstandsfähige Feldahorn ist außerordentlich frosthart, doch der Wurzelballen sollte trotzdem auf jeden Fall vor dem Durchfrieren geschützt werden.
Umtopfen: Man topft im Abstand von zwei bis höchstens drei Jahren jeweils im Frühjahr vor dem Austrieb um.
Substrat: Jede Standard-Erdmischung ist geeignet, solange nur Staunässe vermieden und auf ausreichende Drainage geachtet wird.

Schnitt: In der Wachstumsphase stets alle neuen Triebe bis auf ein bis zwei Blattpaare zurückschneiden. Äste und Zweige im zeitigen Frühjahr beschneiden. Ein Blattschnitt ist möglich, in der Regel aber nicht erforderlich.
Wässern: Im Sommer täglich gießen, und auch im Winter das Erdreich stets feucht halten.
Düngen: In der Wachstumsphase, mit Ausnahme von August, alle zwei Wochen organischen Langzeitdünger verabreichen. Ab Ende September nicht mehr düngen.

Feldahorn, Höhe 41 cm Besenform (Hokidachi)

DER BERGAHORN

Häufig sieht man mitten auf einer Wiese einen einzelnen Bergahorn, der mit sicherem Stand den Unbillen der Witterung trotzt. Nur seine langen elastischen Triebe beugen sich dem Wind.

Weil die Blätter des Bergahorns denen einer Platane zum Verwechseln ähnlich sind, hat man ihm die lateinische Fachbezeichnung *Acer pseudoplatanus* gegeben, was gleichbedeutend ist mit „falsche Platane“.

Der Bergahorn kann ein Alter von sage und schreibe fünfhundert Jahren erreichen, wobei die meisten Exemplare im Durchschnitt aber nur hundertfünfzig bis zweihundert Jahre alt werden. Um die Gattung *Acer* wirklich beschreiben zu können, bedürfte es eines ganzen Buches, denn es gibt mehr als fünfhundert Arten auf der nördlichen Erdhalbkugel.

Bonsai-Liebhaber wählen häufig den Bergahorn, weil er zu den am weitesten verbreiteten europäischen Arten gehört. Hervorstechende Merkmale sind sein enormes Längenwachstum sowie die breite Wölbung seiner Krone: Es gibt Exemplare, die bis zu 40 m hoch werden und ebenso breit.

In unseren Klimazonen findet sich der Bergahorn sehr häufig in Mischwäldern aus Buchen, Stiel- und Traubeneichen sowie Eschen. In Deutschland ist er in erster Linie in den Mittelgebirgen und den Voralpen verbreitet. So wächst er beispielsweise in Oberbayern in Höhen bis 1600 m einzeln in Buchen- oder Fichtenwäldern. Allerdings gibt es kaum einen reinen Bergahornwald.

Als auf den Bergalmen noch Käsereiprodukte hergestellt wurden, pflanzte man häufig in der Nähe der Hütten einen Bergahorn, da seine ausladende und dichte Krone für den nötigen kühlenden Schatten sorgte.

Bergahorn (Acer pseudoplatanus)

Der Bergahorn gedeiht auf feuchten, nährstoffreichen, tiefgründigen Böden und hält selbst starken Winden stand. Man sieht ihn häufig in Einzelstellung inmitten ungeschützter Wiesen, wo er den Unbillen der Witterung trotzt und sich nur seine langen elastischen Triebe dem Wind beugen.

Außer wegen seiner Schönheit wurde der Bergahorn gerade wegen der Elastizität seines Holzes von den Instrumentenbauern sehr geschätzt. Sie fertigten daraus Streichinstrumente, zum Beispiel Violinen.

Daß es sich in der Tat um das beste Material zur Herstellung dieser Musikinstrumente handelt, beweist die Tatsache, daß Antonio Stradivari ebenfalls das Ahornholz verwendete. Außer den speziellen Lacken, die seinen Musikinstrumenten nicht nur unnachahmliche Schönheit verliehen, sondern auch deren Klangqualität beeinflußten, verdankt Stradivari einen Teil seines Ruhmes auch dem Ahornholz. Aus ihm fertigte er den Boden, die Zargen, vor allem aber den Steg, der die Saitenschwingungen auf den Resonanzkörper überträgt.

Der für seine Vielzahl an Bergahornen berühmte Ahornboden im österreichischen Karwendelgebirge soll von den Mittenwalder Geigenbauern für ihre eigenen Zwecke, die Herstellung weltberühmter Streichinstrumente, angelegt worden sein. Da sich sein Holz nicht verformt, wurde der Ahorn auch zu weniger kunstvollen Gegenständen wie Küchengeräten und Arbeitsplatten verarbeitet.

Stamm: Der aufrecht wachsende, vielfach verzweigte und sehr robuste Stamm kann bei älteren Exemplaren einen Umfang von bis zu 3 m erreichen. Die anfänglich graue Rinde dunkelt mit den Jahren nach, nimmt einen braunen Farbton an und blättert in rundlichen Schuppen ab. Sein Holz wird nicht nur für den Instrumentenbau, sondern auch im Möbelbau und für Böden verwendet. Früher wurden aus dem fast weißen, seidig glänzenden Holz der Baumstümpfe Schnupftabaksdosen gefertigt.
Blätter: Wie bei allen anderen Ahornarten sind die Blätter gefingert, fünflappig, oberseits dunkelgrün, unterseits heller, fast silberfarben. Der Gattungsname leitet sich von dem lateinischen Wort *acer* (zugespitzt) ab und bezieht sich wahrscheinlich auf die Spitzen der Lappen. Im Herbst färbt sich das Laub kurze Zeit gelb, dunkelt dann nach und fällt ab. Die Blätter junger Bäume werden mitunter als Tierfutter oder als Streulager für Ziegen und Schafe verwendet.
Früchte: Im Frühjahr entfalten sich aus den grünen Winterknospen zahlreiche gelbgrüne Blütentrauben. Nach der Bestäubung durch Bienen bilden sich sogenannte Spaltfrüchte. Sie bestehen aus zwei Teilfrüchten, die umgekehrt V-förmig zueinander stehen. Im Herbst lösen sie sich von den Zweigen und fallen drehend zu Boden.

DER BERGAHORN ALS BONSAI

Standort: Im Sommer einen halbschattigen Standort wählen. Im Winter läßt man die Pflanze im Freien und schützt das Bonsai-Gefäß mit Blättern oder Stroh vor dem Durchfrieren.
Umtopfen: Man topft im Abstand von zwei bis drei Jahren im Frühjahr vor dem Austrieb um.
Substrat: Ideal ist eine Mischung aus Lauberde, Sand und Lehm zu gleichen Teilen.
Schnitt: Das Schneiden der Äste und Zweige führt man zu Ausgang des Winters oder auch schon im Spätsommer durch. Im Frühjahr läßt man die Triebe zunächst heranwachsen und schneidet sie dann auf die gewünschte Länge zurück. Werden zu große Blätter ausgebildet, kann ein Blattschnitt durchgeführt werden.
Wässern: Im Sommer regelmäßig und reichlich gießen. Während der restlichen Zeit das Erdreich niemals völlig austrocknen lassen.
Düngen: Von Frühjahr bis Herbst organischen Langzeitdünger verwenden und lediglich in den besonders heißen Monaten keine Düngergaben verabreichen.

Bergahorn, Höhe 82 cm, Mehrfachstamm (Kabudachi)

DIE ESCHE

In ganz Europa sprach man der Esche heilende Wirkung und auch mystische Kräfte zu. Man glaubte, daß der Saft ihrer Blätter ein Mittel gegen Schlangengift sei, daß man mit Hilfe der Esche Leistenbrüche kurieren könne und daß man sie als Talisman gegen das Ertrinken verwenden könne.

Im Gegensatz zu Birke und Platane, die auf den ersten Blick zu erkennen sind, gehört die Esche einer Spezies an, deren Identifizierung sich häufig ein wenig schwierig gestaltet, obwohl wir gewissermaßen überall auf sie stoßen. Die Gewöhnliche Esche *(Fraxinus excelsior)* gedeiht in Niederungen, Laub- und Auwäldern sowie Flußtälern. Sie ist auch in den Alpen bis in Höhen von etwa 1600 m anzutreffen. In Laubmischwäldern wächst sie häufig zusammen mit Linden, Stieleichen, Bergahorn und vor allem Ulmen. Bei ausreichendem Platzangebot breitet sie sich derart aus, daß andere Pflanzen in ihrer näheren Umgebung völlig vertrieben werden, da das Wurzelsystem der Esche äußerst dicht und verzweigt ist. Die Manna- oder Blumenesche *(Fraxinus ornus)* gilt bei uns als beliebter Zierbaum und ist oft in Parkanlagen zu finden.

Eschen sind windbeständig, und selbst harte Winter setzen ihnen nicht zu, so daß sie auch in den nördlicheren Regionen Europas anzutreffen sind. Für die Völker dieser Gebiete, speziell für die Germanen, war die Esche ein äußerst wichtiger und zugleich heiliger Baum. Die Legende erzählt, daß Odin, der höchste aller Götter, den ersten Menschen aus dem Stamm einer Esche schuf.

In ganz Europa sprach man dem Baum heilende Wirkung und auch mystische Kräfte zu. Um bei kleinen Kindern Leistenbrüche zu kurieren, trieb man in England noch vor etwas mehr als hundert Jahren einen länglichen Keil in einen Eschenstamm und steckte das kranke Kind mehrmals in der Nacht nackt in diesen Spalt. Nachdem diese „Operation" beendet war, wurde der Keil ausgefüllt, der Stamm anschließend mit Schnüren umwickelt und die Wunde mit Schlamm bestrichen. Schloß sich der Stamm wieder, war man sich sicher, daß auch das Kind gesund werden würde.

Plinius vertrat die Meinung, daß der Saft von Eschenblättern das beste Mittel gegen Schlangengift sei und eine Schlange niemals den Schatten einer Esche aufsuchen würde. Sollte sie es dennoch tun und bliebe ihr die Wahl zwischen zwci Fluchtwegen – zum einen durch die Blätter dieser Pflanze, zum anderen durch ein Feuer –, würde sie ohne zu zögern den Weg durch die Flammen nehmen. Deshalb verwendete man noch bis zu Beginn dieses Jahrhunderts auf dem Land Eschenblätter als Heilmittel gegen Schlangenbisse.

Abgesehen von all diesen Sagen und Legenden ist das sehr harte und elastische Eschenholz auch heute noch eines der wichtigsten europäischen Waldhölzer. Aus ihm werden Skier, Hockey-, Golf- und Tennisschläger sowie Billardqueues gefertigt – bereits der Speer von Achilles bestand aus Eschenholz. Ritzt man die Rinde der Mannaesche an, quillt eine zucker- und mannithaltige Substanz heraus. Diese wird in der Medizin und zur Herstellung von Süßwaren verwendet.

Esche (Fraxinus excelsior)

Stamm: Der gerade und zylindrische Stamm der Gewöhnlichen Esche trägt unterschiedlich geformte Kronen, deren Wuchs abhängig ist vom Alter des Baumes und der Nähe anderer Pflanzen. Die graugrüne Rinde reißt im Alter auf. Das helle, von braunen Maserungen durchzogene Holz schimmert wie Perlmutt und ist leicht zu bearbeiten. Es wird für die Herstellung hochwertiger Möbel verwendet.
Blätter: Die Fiederblätter bestehen aus sieben bis fünfzehn ovalen Blättchen, die gesägte Ränder aufweisen und spitz zulaufen. Sie sind im Sommer dunkelgrün, färben sich im Herbst gelb und fallen dann ab. Vor dem Blattaustrieb erscheinen im März/April an den noch kahlen Zweigen rote Büschel von Staubblättern: Dies sind die Blüten, die weder Kelch- noch Kronblätter besitzen. Die Knospen weisen im Winter im allgemeinen eine schwarzblaue Färbung auf und heben sich von der hellen Rinde der Zweige wie Edelsteine ab.
Früchte: Geflügelte, abgeflachte und zungenförmige Nüßchen bleiben auch nach der Reife im September am Baum hängen. Erst im nachfolgenden Frühjahr werden sie vom Wind in schraubenförmigem Flug davongetragen.

DIE ESCHE ALS BONSAI

Standort: Er sollte sonnig oder halbschattig sein. Bei sehr intensivem Lichteinfall neigt die Pflanze dazu, kleinere Blätter zu bilden, und auch die Internodien verkürzen sich, was von Vorteil für einen Bonsai ist. Eschen sind nicht kälteempfindlich.
Umtopfen: Man topft in der Regel im Frühjahr im Abstand von zwei bis drei Jahren um. Eschen vertragen durchaus einen kräftigen Rückschnitt ihres Wurzelsystems.
Substrat: Eine Mischung aus 50% Gartenerde, 20% grobkörnigem Sand und 30% Torf oder Komposterde ist zu empfehlen.
Schnitt: Ein Rückschnitt der Triebe während der Wachstumsphase verhilft zu einer dichteren Krone. Ein Kappen der längsten Triebe sollte am besten im Herbst nach dem Laubfall durchgeführt werden.
Wässern: Da Eschen feuchtes Erdreich besonders lieben, sollten sie immer reichlich gegossen werden. Im Winter ist es notwendig, das Substrat stets feucht zu halten.
Düngen: Mit Ausnahme der besonders heißen Sommermonate von Frühjahr bis Herbst einen Dünger mit ausgewogenem Nährstoffverhältnis verwenden.

Esche, Höhe 31 cm, frei aufrechte Form (Moyogi)

DIE BIRKE

Mehr als jeder andere Baum versinnbildlicht die Birke Anmut und Selbstlosigkeit. Sie siedelt sich vor allen anderen Pflanzen als erste auf kargen, unwirtlichen Böden an und schützt mit ihrem schattenspendenden Laubwerk junge Eichen- oder Buchentriebe, die ihr später Luft und Raum streitig machen werden.

Mehr als jeder andere Baum versinnbildlicht die gewöhnliche Birke *(Betula pendula)*, auch Weißbirke genannt, Anmut und Selbstlosigkeit. Sie siedelt sich als erste Pflanze auf kargen, unwirtlichen Böden an oder in Wäldern, die von Bränden zerstört wurden. Mit ihrem schattenspendenden Laubwerk schützt sie junge Eichen- oder Buchentriebe, die ihr eines Tages Luft und Raum streitig machen werden und vielleicht ihr Absterben verursachen.

Birken sind in Deutschland von den Ebenen bis in die Voralpen anzutreffen. Da sie sehr anpassungsfähig sind, stellen sie keine besonderen Ansprüche an den Boden und gedeihen praktisch überall in Laub- oder Nadelwäldern, in Mooren und auf Heideflächen.

Man sagt der Birke eine reinigende Wirkung nach. In den skandinavischen Ländern schlägt man sich bei Saunagängen mit Birkenzweigen auf die Haut, um die Blutzirkulation anzuregen und dadurch die Ausschwemmung von Giftstoffen zu fördern.

In den nordischen Ländern wurde die Birke stets zur Heilung unterschiedlicher Krankheiten eingesetzt, und auch heute wird sie von der Homöopathie sehr geschätzt. Die Birkenrinde wirkt bei Einnahme verdauungsfördernd, fiebersenkend und sie reinigt die Haut. Ein Aufguß aus jungen Birkenblättern gilt als heilsames Mittel gegen Gicht, während gepreßte, mit Olivenöl vermischte Knospen dem Haarausfall vorbeugen sollen. Ritzt man den Stamm im Frühjahr an, tritt Pflanzensaft aus, der, wenn man ihn einnimmt, die Ausscheidung von Harnsäure fördern hilft.

Weiterhin kann aus der Birke eine zukkerhaltige Substanz gewonnen werden, aus der man ein erfrischendes Getränk bereitet, das seiner Konsistenz und seinem Geschmack nach ungefähr zwischen Bier und Wein liegt. Vor der Erfindung des Papiers wurden die weißen Rindenschuppen auch zum Schreiben verwendet. Zudem fertigte man aus der weichen Rinde geflochtene Sandalen.

Birken können in Ebenen und auf Hügelland eine Höhe bis zu 40 m erreichen. Hier finden sie sonnenbeschienene Standorte und das für ihre Entwicklung ideale feuchte und fruchtbare Erdreich. In höheren Lagen aber, wo sie in Laub- und Nadelwäldern gedeihen, zeigen sie buschartige Gestalt.

Birken sind sehr raschwüchsig, werden jedoch kaum älter als hundert Jahre. Sie lieben leichte, sandige, etwas saure Böden, doch wachsen sie als sogenannte Pionierbäume auch auf leicht abrutschendem Gelände und Geröllhalden, wo sie unter anderem für eine Verfestigung des Bodens sorgen. Sie sind äußerst kältebeständig und gehörten nach der Eiszeit mit Sicherheit zu den ersten Pflanzen, die sich wieder etablierten. Wegen ihrer attraktiven Rinde und der Färbung ihrerBlätter ist die Birke als Zierbaum sehr beliebt.

Weißbirke (Betula pendula)

Stamm: Der schlanke und langgestreckte Stamm besticht durch seine weiße Rinde, die im Alter in dunkleren feinen, papierähnlichen Querstreifen abblättert. Die ausgewachsenen Zweige sind relativ dünn und nach oben gerichtet, während die jungen Zweige herabhängen. Das homogene Holz weist keinerlei Unterschiede zwischen Splintholz (äußere Schicht) und Kernholz auf.

Wird die Holzkohle vermahlen, erhält man den sogenannten Ruß, der für Druckerfarben verwendet wird. Das Holz dient als Material für Spielzeug, Bürstenstiele, Holzschuhe und Skier, zudem gewinnt man aus ihm hochwertige Zellulose. Birkenspäne werden zum Räuchern von Fisch benutzt, besonders von Lachs.

Blätter: Die herzförmig zugespitzten Blätter besitzen gesägte Ränder. Im Austrieb sind sie leuchtend hellgrün und fühlen sich leicht klebrig an. Vor dem Laubfall im Herbst färben sie sich gelb. Sie vermodern schnell und verbessern dadurch für andere Pflanzen das umliegende Erdreich. Die länglichen hängenden Früchte werden im Oktober durch den Wind verbreitet und gehen leicht auf.

DIE BIRKE ALS BONSAI

Standort: Er sollte vollsonnig oder halbschattig sein. Die Pflanze kann im Freien überwintern.

Umtopfen: Umgetopft wird im Abstand von zwei Jahren jeweils im Frühling bei beginnendem Austrieb. Da Birken äußerst empfindlich auf ein Umpflanzen reagieren, ist Vorsicht beim Wurzelrückschnitt geboten.

Substrat: Ideal ist eine Mischung aus Komposterde, Flußsand und Lehm zu gleichen Teilen. Auf ausreichende Drainage achten.

Schnitt: Von Frühling bis Ende Juli immer nach der Entwicklung von drei bis fünf Blattansätzen die neuen Triebe bis auf zwei bis drei Blattpaare einkürzen. Da Birken sehr viel Pflanzensaft verlieren, empfiehlt sich nach dem Kappen der Triebe die Anwendung eines Baumwachses, um die Wunden zu schließen.

Wässern: In der Wachstumsperiode regelmäßig gießen. Im Winter das Erdreich nur leicht angefeuchtet halten.

Düngen: Direkt nach dem Öffnen der Knospen bis einschließlich Oktober düngen. Lediglich in den warmen Sommermonaten mit den Düngergaben aussetzen.

Weißbirke, Höhe 62 cm, frei aufrechte Form (Moyogi)

DIE ROSSKASTANIE

Im Frühjahr bezaubert die Roßkastanie durch ihre außerordentliche Blütenpracht. Wenn der Nektar reif zur Ernte ist, nimmt die Basis der weißen Blüten eine gelbe Färbung an, was die Bienen besonders anzieht.

Zu den bekanntesten Laubbäumen unserer Regionen zählt sicher die Roßkastanie. Ihre ursprüngliche Heimat ist auf dem Balkan, im Kaukasus und in Nordpersien zu suchen, doch wurde sie durch die Menschen in weiten Teilen Europas verbreitet.

Bei uns wurde die Kastanie im 18. Jahrhundert erstmals eingeführt. Nur hundert Jahre später gehörte sie zu den beliebtesten Bäumen, und man fand sie entlang der Auffahrten und in den Parkanlagen der bedeutendsten europäischen Häuser. Auch heute noch wird sie als Zierbaum angepflanzt.

Im Frühjahr bezaubert die Roßkastanie durch ihre außerordentlichen Blüten. Sie wird von Bienen umschwärmt, mit denen sie einen sehr speziellen Dialog entwickelt zu haben scheint: Wenn der Nektar reif zur Ernte ist, nimmt die Basis der weißen Blütenblätter eine gelbe Färbung an, da Gelb Insekten besonders stark anzieht. Geht der Nektar allmählich zur Neige, färbt sich die Basis orange und schließlich rot, worauf Insekten kaum reagieren. Der Blütennektar der Roßkastanie enthält etwa 40 – 70 % Saccharose und ist für die Produktion von Honig von großer Bedeutung.

Der schwedische Botaniker Carl von Linné gab der Roßkastanie den lateinischen Namen *Aesculus hippocastanum.* Die Bezeichnung *Aesculus* verwendeten die Römer für Eichen, deren Früchte eßbar waren, und *hippocastanum* setzt sich aus den griechischen Worten *hippos* (Roß) und *kastanon* (Kastanie) zusammen. Im vorliegenden Fall hat sich Linné vielleicht durch eine Umschreibung aus der Affäre gezogen, denn diese „falschen Kastanien" sind in der Tat nicht für den menschlichen Verzehr geeignet.

Die prächtigen braunen Samen enthalten Äskulin, eine äußerst bitter schmekkende und adstringierende Substanz, die Brechreiz hervorruft. Der zweite Teil des Namens ist hingegen sehr zutreffend, da das mit Wasser vermischte Fruchtfleisch der Samen früher zur Heilung kurzatmiger Pferde diente.

Die Samen finden auch anderswo Verwendung. Sie stellen eine Futtersubstanz dar in Forstrevieren mit hohem Rot- und Damwildbestand. Auch Kühe geben mehr Milch, wenn ihrem Futter der Samen der Roßkastanie beigemischt wird. Weiterhin findet das Kastanienöl in der Küche zum Braten durchaus seine Verwendung. Und Kinder bessern sich ihr Taschengeld auf, indem sie gesammelte Kastanien gegen Bezahlung bei den Forstverwaltungen abliefern.

In der Heilkunde hat die Roßkastanie ebenfalls ihren Platz. Die Volksmedizin setzt Teile der Rinde gegen Verdauungsschwächen, Wechselfieber, Erkältungs- und Lungenleiden und äußerlich gegen Geschwüre ein.

Eine Kreuzung der europäischen Roßkastanie mit der Pavie hatte die Rotblütige Roßkastanie zum Ergebnis, die heute als die ideale Park-Roßkastanie gilt. Vor allem ihre verhältnismäßig kleine Statur gilt als Vorzug.

Roßkastanie (Aesculus hippocastanum)

Stamm: Bei älteren Exemplaren neigt der Stamm bisweilen zu Verkrümmungen, behält jedoch in der Regel seine gerade Form bei. Die Verzweigung ist sehr dicht und bildet eine breite, rundliche Krone. Die Rinde ist schuppig und dunkelbraun gefärbt. Das Holz wird lediglich zur Fertigung von Nutzgegenständen wie beispielsweise Obstkisten verwendet.
Blätter: Die handförmig geteilten Blätter bestehen aus fünf bis sieben Teilblättern, die an einem gemeinsamen, 10 – 20 cm langen Stiel sitzen. Die spitz zulaufenden Teilblätter sind länglich und haben doppelt gesägte Ränder. Vor dem Öffnen zeigen sich die Blattknospen karamelfarben, glänzend und klebrig.
Früchte: Nach einer außergewöhnlichen Blüte, welche die Pflanze mit unzähligen weißlichen, rosa getönten Blüten schmückt, bilden sich stachelige, ledrige Früchte. Sie öffnen sich etwa im Oktober und geben ein bis drei große, glatte Samen frei, die leuchtend braun gefärbt sind. Sie haben an der Basis einen hellgrauen Fleck, der als Nabel bezeichnet wird. Die Früchte beinhalten tanninhaltige Substanzen sowie Saponin und Stärke. Aus den gemahlenen Früchten läßt sich ein hervorragendes Reinigungsmittel herstellen.

DIE ROSSKASTANIE ALS BONSAI

Standort: Im Sommer sollte der Standort halbschattig sein. Da Roßkastanien auch auf längere Kälteperioden nicht empfindlich reagieren, müssen nur junge Pflanzen an einem hellen Platz im Haus überwintert werden.
Umtopfen: Im Abstand von zwei bis drei Jahren wird jeweils im Frühjahr umgetopft, wobei man ein etwas tieferes Bonsai-Gefäß verwenden sollte. Die Wurzeln sind schonend zu behandeln und nur wenig zurückzuschneiden.
Substrat: Zu empfehlen ist eine Mischung aus Gartenerde, grobkörnigem Flußsand und Komposterde zu gleichen Teilen.
Schnitt: Ein Rückschnitt sollte nur im Winter erfolgen, wenn der Pflanzensaft nicht aufsteigt. Andernfalls würden sich rings um den Schnitt zahlreiche Knospen bilden, die in der Folge nicht überleben könnten. Während des Wachstums sollte regelmäßig ein Blattschnitt vorgenommen werden, um sowohl die Bildung neuer Triebe nahe des Stammes als auch einen verkleinerten Wuchs der Blätter anzuregen.
Wässern: Roßkastanien vertragen keine Trokkenheit. Daher vor allem in der Wachstumsphase reichlich gießen.
Düngen: Von März bis April sowie von September bis Oktober organischen Langzeitdünger verabreichen.

Roßkastanie, Höhe 76 cm, Besenform (Hokidachi)

DIE EDEL- ODER ESSKASTANIE

Die Früchte der Edelkastanie, Maronen genannt, waren für die Menschen von jeher von großer Bedeutung. Man kann sie in einer durchlöcherten Pfanne rösten, über dem Feuer dörren, im Wasser kochen oder auch im Backofen dämpfen.

Die Edel- oder Eßkastanie, *Castanea sativa*, stammt aus den östlichen Mittelmeerländern, hat sich aber bis heute auch in wärmeren nördlichen Gebieten angesiedelt. So findet man auch bei uns in Deutschland in klimatisch günstigen Gegenden herrliche Exemplare.

Die Edelkastanie ist nach der alten griechischen Stadt Kastania in Thessalien (in der heutigen Türkei) benannt. Einer ganz anderen Familie gehört die Roßkastanie an, und der Name ist nur deshalb auf diese übertragen worden, weil die Früchte im Aussehen ähnlich sind.

Die Edelkastanien sind schnellwachsende, laubabwerfende Bäume. Sie entwickeln sich rasch zu stattlichen Exemplaren, die ihre Äste schon tief unten waagerecht ausstrecken. An den elliptischen, gezähnten, auf der Oberfläche glatten Blättern läßt sich der Baum schon aus weiter Entfernung leicht erkennen. Die Blüten stehen als Kätzchen in den Blattachseln. Im oberen Teil der Kätzchen sitzen die männlichen Blüten, die weiblichen sind in der Regel stets in Dreiergruppen angeordnet.

Die Früchte der Edelkastanie, Maronen genannt, waren für die Ernährung der Menschen schon immer von Bedeutung. Die Kastanien werden in einer durchlöcherten Pfanne geröstet, über dem Feuer gedörrt, im Wasser gekocht oder im Backofen gedämpft.

Bereits die Römer verzehrten die Kastanien geröstet oder gekocht und bereiteten aus deren Mehl, das mit Pinienkernen, Ricotta und Lorbeerblättern vermischt wurde, schmackhafte Süßspeisen.

Über die Eßkastanie und deren Früchte existieren zahlreiche Legenden. Beispielsweise gab es an Allerheiligen in vielen Teilen Europas den Brauch, unter dem Kopfkissen einige gekochte Kastanien zu verstecken, damit die Geister nicht kämen und sich während des Schlafes an den Füßen zu schaffen machten.

Eine der ältesten Edelkastanien der Welt gedeiht zu Füßen des Ätna. Sie ist auch als die „Kastanie der hundert Pferde“ bekannt: Im Jahr 1500 soll Johanna von Aragonien, die während ihrer Reise von Spanien nach Neapel von einem Unwetter überrascht worden war, unter diesem Baum mit ihrem großen Gefolge Schutz gefunden haben. Diese Kastanie ist in der Tat eine monumentale Pflanze. Über Jahrhunderte hinweg wurde sie durch zahlreiche Blitzeinschläge gespalten, wodurch drei große Bäume entstanden, deren verwundener und ausgehöhlter Stamm einer Grotte gleicht. Im allgemeinen erreichen Eßkastanien ein Alter von vierhundert bis fünfhundert Jahren – doch dieses Exemplar könnte auch älter als zweitausendfünfhundert Jahre sein.

Ein gefährlicher Pilz, der aus Japan und China um das Jahr 1930 nach Europa eingeschleppt wurde, hat die Edelkastanienbestände in Südeuropa, insbesondere in der Türkei, ganz erheblich dezimiert. Auch die Früchte können infiziert werden, was vermutlich zur Verbreitung der Krankheit beiträgt.

Edel- oder Eßkastanie (Castanea sativa)

Stamm: Ältere Exemplare bilden häufig einen sehr kräftigen und gedrungenen Stamm mit reichen Verzweigungen und einer ausladenden Krone. Auch wenn sie kaum höher als 25 – 30 m werden, erscheinen Eßkastanien von diesen Ausmaßen als Giganten. Die zunächst glatte, olivbraune Rinde nimmt mit zunehmendem Alter eine graubraune Färbung an und bildet Längsrisse, die häufig spiralförmig verlaufen.

Aus dem Holz fertigt man Parkettböden, Möbel, Faßdauben sowie Treppen. Darüber hinaus wird es als Stützen für Rebstöcke verwendet. Das Holz der Eßkastanie ist ebenso haltbar wie das der Eiche, läßt sich aber leichter bearbeiten.

Blätter: Im Frühjahr sind die jungen Blätter auf der Oberseite leuchtend dunkelgrün und auf der Unterseite etwas heller gefärbt. Sie sind wechselständig angeordnet und gesägt. Im Herbst bestechen sie vor dem Laubfall durch eine goldgelbe Färbung. Die einhäusigen Blüten sind zu gelblichen Kätzchen vereint und erscheinen etwa im Juni.

Früchte: Der weichstachelige Fruchtbecher enthält zwei bis drei glänzend braune Maronen, die an der Basis einen matten grauen Fleck, den sogenannten Nabel, aufweisen. Die gelben Härchen an ihrer Spitze sind die Reste der Staubblätter. Maronen enthalten Fette, Stärke, Wasser sowie die Vitamine B und C. Ihr Nährwert ist dem von Getreide vergleichbar.

DIE ESSKASTANIE ALS BONSAI

Standort: Obwohl sie die Wärme lieben, bevorzugen Eßkastanien im Sommer halbschattige Standorte. Sie sollten an einem hellen Platz im Haus überwintern.

Umtopfen: Je nach Bedarf im Abstand von zwei oder mehr Jahren im Frühling umtopfen.

Substrat: Da Eßkastanien nicht auf lehmigen Böden gedeihen, empfiehlt sich eine saure Mischung aus Lauberde, der 20 % Torf und 30 % Flußsand beigemengt werden.

Schnitt: Von April bis Juni die neuen Triebe auf ein Blattpaar einkürzen. Da sich das Holz nach dem Schnitt nur langsam verschließt, sollten größere Zweige nach Möglichkeit nur im Winter geschnitten werden.

Wässern: Regelmäßig gießen und das Erdreich niemals völlig austrocknen lassen.

Düngen: Man düngt einmal monatlich von April bis Juni sowie von September bis Oktober mit organischem Langzeitdünger.

Eßkastanie, Höhe 40 cm, frei aufrechte Form (Moyogi)

DER WALNUSSBAUM

In alten Arzneibüchern findet man viele Wirkungsweisen des Walnußbaumes beschrieben. Ein Aufguß aus den Blättern kann die Blutzirkulation anregen und ein Brei aus den Nüssen einen Hundebiß heilen. Auch einen schmackhaften Likör gewann man aus den Nüssen.

Es ist schon erstaunlich, wie viele Volkssagen sich um diese Pflanze ranken. Dabei besteht ein krasser Gegensatz zwischen der großen Bedeutung der Walnuß für den Menschen und ihrem schlechten Ruf. Im günstigsten Fall wurde der Walnuß nachgesagt, sie verursache mit ihren aromatischen Ausdünstungen Kopfschmerzen.

Diese sonderbaren Vermutungen lassen sich vielleicht unter anderem dadurch erklären, daß die Blätter und Wurzeln des Walnußbaumes die giftige Substanz Juglon enthalten. Sie ist die Ursache dafür, daß Bäume, die in unmittelbarer Nähe eines Walnußbaumes wachsen, eingehen, weshalb Walnußbäume meist in Einzelstellung zu finden sind.

Die Walnuß stammt aus Zentralasien und China, doch hat sie sich schon sehr früh in Europa verbreitet. Die Römer gaben ihr den Namen *Juglans regia*, der sich aus *Jupiter* und *glans* (Eichel) zusammensetzt – also ein Geschenk Jupiters. Und auch die Griechen waren davon überzeugt, daß das hellenistische Volk zu dem Zeitpunkt entstanden sei, als der Mensch die Walnuß entdeckte, nachdem er sich jahrhundertelang von den Früchten der Eiche ernährt hatte.

Griechen wie Römer waren bestrebt, diesen heiligen Baum möglichst vielseitig zu nutzen. Heute würde man über manch eine dieser Anwendungen lächeln: So sollte beispielsweise ein Brei aus Nüssen, Salz, Honig und Zwiebeln einen Hundebiß heilen, und man verwendete die pulverisierten, in Öl gekochten Schalen als Haarwuchsmittel. In alten Arzneibüchern findet man die Wirkungsweisen der verschiedenen Teile des Walnußbaumes: Aus den Blättern bereitete man Aufgüsse, welche die Blutzirkulation und den Muskeltonus anregen sollten. Lange Zeit galt ein Extrakt aus der Fruchtschale als einziges Mittel gegen die weitverbreitete Syphilis. Auch ein Likör wurde aus den Nüssen gewonnen.

Im Mittelalter regte die Form des Nußkerns, der dem menschlichen Gehirn so ähnlich ist, die Phantasie des Volkes an, und man schrieb diesen seltsamen Früchten zu Zeiten der Hexenverfolgung böse Einflüsse zu. Damit begann ein schwarzes Zeitalter für die Walnuß: Sie wurde zum Baum des Hexensabbats und teuflischer Treffen. Traurige Berühmtheit erlangte in diesem Zusammenhang der Walnußbaum von Benevento, unter dem sich, ei nem weitverbreiteten Glauben zufolge, alle Hexen der Region getroffen haben sollen. Im 7. Jahrhundert ließ der Bischof von Benevento den Baum mitsamt der Wurzeln ausreißen, um auf diese Weise den Teufel auszutreiben und diesen heidnischen Bräuchen ein Ende zu setzen.

Doch kurze Zeit später sproß an der gleichen Stelle ein neuer Walnußbaum, der so groß und kräftig wie der erste war. Trotz all dieser Geschichten war jedoch der Walnußbaum für den Menschen vor allem ein Symbol für Reichtum, Überfluß und Fruchtbarkeit.

Walnußbaum (Juglans regia)

Stamm: Der bis zu 30 m hohe, kräftige Stamm kann einen Durchmesser von bis zu 1,5 m erreichen und treibt kräftige und verdreht wachsende Triebe, die eine ausladende Krone bilden. Das äußerst wertvolle und harte Holz hat eine lange Lebensdauer und wird für die Fertigung von hochwertigen Möbelstücken verwendet. Das Splintholz besitzt eine graue Färbung und weist auffällig schöne Maserungen auf, während das Kernholz eine dunklere, bräunliche Tönung zeigt. In Deutschland galt der Walnußbaum als Lebensbaum, der stets bei der Geburt eines Kindes gepflanzt wurde und der diesem Kind, wenn es heiratete, das Holz für das Ehebett liefern sollte. Walnußbäume können ein Alter von bis zu vierhundert Jahren erreichen.

Blätter: Die wechselständigen Blätter sind etwa 25 cm lang und bestehen aus fünf bis neun Fiederblättern, deren oberstes Blatt am größten ist. Sie zeigen eine dunkelgrüne, leuchtende Färbung und riechen aromatisch, wenn man sie zerreibt. Sie erscheinen erst spät im Frühling und fallen im Herbst bereits früh ab.
Früchte: Die Früchte sind umgeben von einer ovalen, zunächst grünen Fruchtschale, die im Herbst eine schwarze Färbung annimmt. Sie platzt auf und gibt einen verholzten, zweigeteilten Kern frei, der seinerseits den eßbaren Teil enthält. Walnüsse haben einen hohen Proteingehalt und enthalten ein Öl, das in der Kosmetik und der Malerei verwendet wird, da es sehr schnell an der Luft trocknet.

DER WALNUSSBAUM ALS BONSAI

Standort: Der Walnußbaum sollte einen sonnigen bis hellen Standort bekommen. Man überwintert ihn im Haus an einem hellen Platz.
Umtopfen: Ein Umpflanzen sollte in der Regel mindestens alle zwei bis spätestens drei Jahre sehr vorsichtig erfolgen. Die Walnuß bildet eine große Pfahlwurzel und im allgemeinen nur wenige Seitenwurzeln.
Substrat: Die ideale Erdmischung besteht aus einem Drittel Kompost, einem Drittel Flußsand und einem Drittel Gartenerde oder Lehm. Das Substrat sollte weder zu trocken noch zu feucht sein, da dies ein Abfallen der Blätter verursachen würde.
Schnitt: Da die Walnuß nur relativ schlecht vernarbt, sollte ein Rückschnitt der Äste und Zweige nur im Winter, vor Beginn der Vegetationsphase, erfolgen.
Wässern: Regelmäßig, jedoch nicht zu viel gießen. Das Substrat auch im Winter stets leicht feucht halten.
Düngen: Von Frühling bis Herbst, mit Ausnahme von August, einen organischen Langzeitdünger verabreichen.

Walnußbaum, Höhe 75 cm, frei aufrechte Form (Moyogi)

DIE PLATANE

Besonders reizvoll ist die Wintersilhouette der Platane – ein Netzwerk, in dem die hängenden Zweige zahllose kleine, gotische Spitzbögen bilden, zwischen denen die Kugelfrüchte baumeln.

Aufgrund ihrer weiten Verbreitung ist die Platane fast überall bekannt. Etwa in der Mitte des 17. Jahrhunderts kam sie in unsere Regionen und wird auch heute noch als Alleebaum oder in öffentlichen Parks gepflanzt.

Am auffälligsten ist der Stamm der Platane. Er verliert sich nicht in einem Astgewirr, sondern ragt zielstrebig empor und ist, wo sich die dunklere Außenrinde in Schuppen gelöst hat, mit großen grünen Flecken gescheckt. Die Wintersilhouette ist besonders reizvoll – ein Netzwerk, in dem die hängenden Zweige zahllose kleine gotische Spitzbögen bilden, zwischen denen die Kugelfrüchte baumeln.

Unsere Platane *(Platanus x hispanica)* ist mit großer Wahrscheinlichkeit eine Hybridform, die vor etwa vierhundert Jahren aus der Morgenländischen Platane *(Platanus orientalis)*, die aus Kleinasien stammt, und der Amerikanischen Platane *(Platanus occidentalis)*, deren ursprüngliche Heimat in Nordamerika liegt, entstand. Diese neue Form ist wesentlich robuster als ihre Vorfahren und relativ unempfindlich gegen die Luftverschmutzung in den Städten, da ihre glatten Blätter eine sorgfältige Reinigung durch den Regen erfahren.

In Italien finden sich noch Spuren der Morgenländischen Platane, die sich von der Ahornblättrigen Platane lediglich durch die Form ihrer Blätter unterscheidet, die mehrlappiger sind. Die Morgenländische Platane wird nur noch selten kultiviert, doch war sie für Griechen und Römer von großer Bedeutung. Der Name leitet sich dementsprechend von dem griechischen *platus* (breit, flach) ab, womit die Form der Blätter beschrieben wird, die einer geöffneten Hand gleicht.

Im Mittelmeerraum etablierte sich die Morgenländische Platane vor mehr als zweitausend Jahren, als die Römer für ihre Verbreitung in ganz Europa sorgten. Schon damals war sie nicht nur wegen ihrer breiten, schattenspendenden Krone beliebt, sondern vor allem wegen der Schönheit ihres imposanten Stammes. Seine in rötlichen Schuppen abblätternde Borke bildet ein faszinierendes Mosaik mit der darunterliegenden glatten und helleren Rinde.

Über die Platane werden seit langer Zeit viele Geschichten und Legenden erzählt: Man berichtet, daß im ersten Jahrhundert nach Christus der römische Konsul Licinius Crassus in Lykien im hohlen Stamm einer Platane mit siebzehn Gästen ein Bankett gefeiert habe. Ebenso sollen sie Fledermäuse auf Abstand halten und ihre Blütenstände, mit Wein eingenommen, ein äußerst wirkungsvolles Mittel gegen das Gift von Skorpionen und Schlangen sein.

Auch über ihre Langlebigkeit kursieren viele Geschichten. Die vielleicht berühmteste Platane findet sich auf der griechischen Insel Kos: Ihre Krone beschattet einen großen Platz, und ihre niedrigeren Verzweigungen werden von antiken Steinsäulen gestützt. Es wird behauptet, daß bereits Hippokrates in ihrem Schatten Kranke geheilt habe.

Platane (Platanus x hispanica)

Stamm: Der gerade Stamm weist dicke, gebogene Verzweigungen auf, sollte er nicht radikal beschnitten werden. Die Rinde blättert in großen Platten ab. Ein starker Beschnitt setzt die offenen Wunden den Angriffen von holzzerstörenden Pilzen aus, die seit einigen Jahren ein wahres Gemetzel unter den Platanen anrichten.

Das feinkörnige, buchenähnliche Holz wird für Dreharbeiten verwendet. Der Haublock, den die Metzger zum Zerteilen des Fleisches benutzen, besteht meist aus Platanenholz.

Blätter: Die gefingerten, fünflappigen Blätter ähneln denen des Ahorns. Sie sind grün, anfangs leicht behaart und später glatt. Sie sitzen an einem langen Stiel, der sich an seiner Ansatzstelle verbreitert und so die achselständigen Knospen an den Zweigen schützt. Die Blätter fallen ab und lassen im Winter den kahlen Baum wahrhaft majestätisch erscheinen. Sie sind ledrig und zerfallen daher nur schwer.

DIE PLATANE ALS BONSAI

Standort: Die robusten Platanen können das ganze Jahr im Freien stehen, sie lieben dabei vollsonnige Standorte. Da sie nicht kälteempfindlich sind, genügt es, das Bonsai-Gefäß entweder mit Laub zu schützen oder es in Erde einzusenken.

Umtopfen: Im Abstand von zwei Jahren im Frühjahr vor dem Austrieb umtopfen. Dabei die Wurzeln einkürzen. Platanen bilden in der Natur ein reichverzweigtes Wurzelsystem aus, und es ist in der Tat kein Fall bekannt, daß eine Platane von einem Sturm entwurzelt worden wäre.

Substrat: Platanen lieben tiefgründige, frische und feuchte Böden, die keinen hohen Anteil an organischen Stoffen aufweisen. Daher besteht die ideale Mischung aus 50 % Kompost und 50 % grobem Flußsand und Gartenerde.

Schnitt: Vor dem Öffnen der Knospen die bereits verholzten Triebe kappen. Um die Blattgröße zu verringern, kann ein Blattschnitt angewendet werden, jedoch nur stufenweise und in den Jahren, in denen die Pflanze nicht umgetopft wurde. Bis ein entsprechender Kronenaufbau erreicht wird, vergeht daher mehr Zeit als bei anderen laubabwerfenden Bäumen.

Wässern: Von April bis September reichlich gießen. Am besten überprüft man regelmäßig das Erdreich auf seine Feuchtigkeit, um so die Bedürfnisse der Pflanze festzustellen.

Düngen: Von März bis Oktober in Abständen von zwanzig bis dreißig Tagen organischen Langzeitdünger verabreichen. Im Winter muß nicht gedüngt werden, da die Platanen zu dieser Zeit ihre Lebensprozesse reduzieren.

Platane, Höhe 57 cm, streng aufrechte Form (Chokkan)

DIE MAULBEERE

Weil die Maulbeere im Frühjahr erst dann austreibt, wenn die Frostgefahr wirklich vorüber ist, gilt sie von alters her als weisester aller Bäume.

Die Gattung *Morus* ist in Mitteleuropa mit zwei Arten vertreten, dem Weißen *(Morus alba)* und dem Schwarzen Maulbeerbaum *(Morus nigra)*. Letzterer wurde schon zu Zeiten der alten Römer aus Kleinasien in Europa eingeführt.

Man kultivierte ihn seiner roten, saftigen Früchte wegen. Aus ihnen wurden Säfte gepreßt, und im Mittelalter wurde sogar von Mönchen, die den Baum in den Kreuzgängen ihrer Klöster pflanzten, ein Wein hergestellt. Bereits in der Antike wußte man auch um die Heilkräfte dieser Pflanze: Der herbe Saft der Früchte wie auch die zerriebene Rinde besitzen eine stark blutzuckersenkende Wirkung.

Die Schwarze Maulbeere kann bis zu 20 m hoch wachsen und vierhundert Jahre alt werden, doch bilden mehr als hundertjährige Exemplare eher die Ausnahme. Die Weiße Maulbeere wird hundert bis hundertfünfzig Jahre alt. Ihre Verbreitung verdankt sie nicht zuletzt den Vögeln, die ihre Früchte picken und die unverdauten Samen wieder ausscheiden. Aufgrund ihrer außerordentlichen Schönheit wurde sie häufig als Zierpflanze in Parks und zur Straßenbegrünung eingesetzt.

Seit alters her galt die Maulbeere wegen ihrer Heilkräfte und weil sie im Frühjahr erst dann austreibt, wenn die Frostgefahr wirklich vorüber ist, als weisester aller Bäume. Ist die Zeit für den Blattaustrieb gekommen, sprießt das neue, zarte Laubkleid manchmal über Nacht. Man sagt sogar, der Baum erzeuge dabei ein leises Rauschen. Der deutsche Name findet seinen Ursprung im lateinischen *morum*, was sowohl Maulbeere als auch Brombeere bedeutet und sich auf die Früchte bezieht.

Die ersten Maulbeerpflanzungen in Deutschland stammen vermutlich aus dem 16. Jahrhundert. Die weitere Verbreitung begann aber erst zur Zeit Friedrichs des Großen. Grund dafür war die Verwendung der Blätter von *Morus alba* als Futter für die Seidenraupen, deren Zucht wegen der hohen Preise für Rohseide immer mehr zunahm. Erst nach dem Ersten Weltkrieg, als die Kunstfasern aufzukommen begannen, verlor die Seidenraupenzucht wieder an Bedeutung.

Die Chinesen sind mit Seidenraupen und Maulbeerbäumen seit drei Jahrtausenden vertraut, während man bei uns bis vor achthundert Jahren annahm, die Seide werde aus Früchten gewonnen wie die Baumwolle. Neben dem Trompetenbaum war der Weiße Maulbeerbaum bei den Chinesen eines der wichtigsten Nutzhölzer, und auf den meisten chinesischen Gehöften standen ein oder zwei Exemplare. Der Ausdruck *Sang Tzu* heißt wörtlich „Land des Maulbeer- und Trompetenbaumes“, und dies ist noch heute eine chinesische Umschreibung für „Heimat“ oder „Mutterland“.

In Deutschland sind Maulbeeren nur noch vereinzelt anzutreffen. Dabei handelt es sich meistens um ältere Bäume aus früheren Kulturen. Bei uns wird die Maulbeere gegenwärtig auch als Ziergehölz in Gärten und auf Friedhöfen angepflanzt. Beliebt sind beispielsweise verschiedene Trauerformen von *Morus alba*.

Weißer Maulbeerbaum (Morus alba)

Stamm: Bei beiden genannten Arten zeigt die Rinde in der Jugend ein warmes, gelbliches Braun. Im Laufe der Jahre dunkelt sie nach, wird rauh und entwickelt tiefe Risse. Das Holz des Maulbeerbaumes erweist sich als äußerst feuchtigkeitsbeständig, weshalb man es für Kübel, Fässer und Dauben verwendet. Aufgrund seiner gelblichen bis tiefroten Schattierung ist das Wurzelholz in der Kunsttischlerei für Intarsienarbeiten sehr geschätzt.
Blätter: Die Schwarze Maulbeere weist relativ rauhes und auf der Oberseite dunkles Laub auf, das der Weißen Maulbeere ist dagegen glänzender, weicher und kleiner. Beide Laubsorten geben ein ausgezeichnetes Futter ab, zum Beispiel für Kaninchen. Das Laub der Weißen Maulbeere kann als Futter für Seidenraupen dienen. Auch die Blätter der Schwarzen Maulbeere lassen sich dafür verwenden, doch erhält man in diesem Fall eine nicht ganz so hochwertige Seide, die zudem weniger glänzt.
Früchte: Die Schwarze Maulbeere trägt 2 – 3 cm lange, dunkelrote Früchte von süß-säuerlichem Geschmack. Dagegen sind die Früchte der Weißen Maulbeere kleiner, nur 1 – 2 cm lang, von gelblichem und mitunter auch rosig angehauchtem Weiß, fleischig und süßlich. Beide Sorten reifen im August.

DIE MAULBEERE ALS BONSAI

Standort: Von April bis November hält man die Pflanze im Freien an einem vollsonnigen Platz. Man überwintert sie an einem hellen und kühlen Ort im Haus.
Umtopfen: Die Häufigkeit richtet sich nach dem Alter der Pflanze: Junge Exemplare jährlich, ältere alle zwei bis drei Jahre umtopfen. Da die Maulbeere Staunässe verübelt, ist auf eine gute Drainage zu achten.
Substrat: Die Pflanze stellt keine besonderen Ansprüche. Ideal ist eine Mischung aus 50 % Kompost und 50 % grobkörnigem Flußsand, mit grob gesiebter Gartenerde vermengt.
Schnitt: Vor Beginn der Wachstumsperiode ist es empfehlenswert, die Zweige zu beschneiden. Dabei sollte man die Augen berücksichtigen, die so ausgerichtet sein sollen, daß eine ausgewogene Verzweigung entsteht. Es ist dabei stets von Vorteil, die Neutriebe bis auf ungefähr zwei Blattpaare einzukürzen.
Wässern: Reichlich gießen, im Hochsommer und während der besonders heißen Monate eventuell auch zweimal täglich. Während der Blüte, die nur kurz währt, aussetzen.
Düngen: Von Frühjahr bis Herbst monatlich einen Langzeitdünger verabreichen.

Weißer Maulbeerbaum, Höhe 53 cm, frei aufrechte Form (Moyogi)

DER JUDASBAUM

Der Name des Judasbaumes ist vermutlich eine Abwandlung der Bezeichnung Judäabaum, welche auf eines der Hauptverbreitungsgebiete dieser Pflanze verweist. In anderen Gegenden trägt sie wegen der zarten, herzförmigen Blätter mit roter Schattierung und der roten Blüten auch den Namen Liebesbaum.

Weniger wegen seines botanischen Stellenwertes als vielmehr wegen seines so ungerechten und unzutreffenden Namens scheint der Gemeine Judasbaum *(Cercis siliquastrum)* erwähnenswert. Der Überlieferung zufolge soll sich Judas, nachdem er Jesus verraten hatte, von Reue geplagt an ebendiesem Baum erhängt haben. Der Legende nach gemahnen uns noch heute die purpurnen Blüten, die beinahe aussehen wie Blutstropfen, an diese Schandtat.

Doch läßt sich eine im wahrsten Sinne des Wortes derartig blutrünstige Geschichte wohl kaum einem so reizenden und romantischen Baum andichten. Viel glaubwürdiger scheint die Theorie, daß es sich bei seinem Namen um eine Abwandlung der Bezeichnung Judäabaum handelt, die auf eines der Hauptverbreitungsgebiete dieser Pflanze verweist.

In manchen Gegenden heißt der Baum aber auch Baum der Madonna, weil die Blüte im Mai ihren Höhepunkt erreicht. Bekannt ist ebenfalls die Bezeichnung Liebesbaum, weil der Baum in vielen seiner Eigenschaften mit ebendiesem tiefen und kostbaren Gefühl vergleichbar ist. So zeigen sich auf den zarten, herzförmigen Blättern im Frühjahr und Herbst rote Schattierungen, und bekanntlich ist Rot die Farbe der Liebe. Rot sind auch die Blüten, die immer wieder einen faszinierenden Anblick bieten.

Der Judasbaum ist im gesamten Mittelmeerraum, in Kleinasien sowie in Mitteleuropa anzutreffen, wo er jedoch wegen des kühlen Klimas strauchförmig wächst. In Spanien sieht man ihn ausschließlich als Ziergehölz. Abgesehen von Sardinien – hier kommt er überhaupt nicht vor – wächst er in ganz Italien wild. Besonders große Bestände gibt es im Voralpengebiet um Vicenza und am Gardasee. Seit dem 16. Jahrhundert wird er auch im Süden und in der Mitte Deutschlands mit Erfolg kultiviert. Heute existieren bereits einige Gartenformen.

Auch unter günstigsten Umgebungsbedingungen wird der Judasbaum kaum höher als 10 m. Er erreicht ein Alter von hundertfünfzig bis zweihundert Jahren. Der Judasbaum kommt von den Ebenen bis in eine Höhe von 800 m vor, sofern die Winter nicht zu streng sind. Zwar liebt er ergiebige Regengüsse, doch kann er im Sommer trotzdem kurze Trockenperioden überstehen.

Der botanische Name *Cercis siliquastrum* leitet sich vom griechischen *kerkis* (Spule) ab und spielt auf die Form der Hülsenfrüchte an. Nur noch bei einer weiteren in Europa wachsenden Pflanze, dem Karobbaum, dessen getrocknete Früchte als Johannisbrot auf dem Markt sind und der ebenfalls zur Familie der Hülsenfrüchtler gehört, setzen die Blüten direkt am alten Holz an. Dieses bemerkenswerte Phänomen ist als Kauliflorie oder Stammblütigkeit bekannt.

Die Blüten erscheinen zeitlich vor oder zusammen mit den Blättern. Der Blütenkelch ist glockenförmig, kurz und stumpf gezahnt. Die Blüte hat fünf Kronblätter und zehn Staubgefäße.

Judasbaum (Cercis siliquastrum)

Stamm: Fast immer ist er gewunden und schon ab einer geringen Höhe vielfach verzweigt. Die schwarzbraune Rinde zeigt feine, in Längsrichtung verlaufende Risse. Das harte Holz weist eine attraktive Rotfärbung und eine dunkle Äderung auf. Es wird gerne in der Kunsttischlerei und für Drechslerarbeiten verwendet. Aus den Zweigen und der Rinde gewann man früher einen gelben Farbstoff.
Blätter: Sie sehen aus, als hätten sie die Vorlage für das Herz im Kartenspiel geliefert. Auf der Oberseite zeigen sie ein intensives Grün, auf der Unterseite ein bläuliches Grau.

Blüten: Sie sprießen einzeln oder in Büscheln von vier bis acht in leuchtendem Rosa, das zuweilen fast an Rot grenzt. Sie bilden nicht nur das faszinierendste Attribut des Judasbaumes, sondern sind auch ausgesprochen köstlich – ob als Zutat in bunten Salaten, in Essig eingelegt oder durch den Backteig gezogen und fritiert.
Früchte: Im ausgereiften Zustand nehmen die Hülsenfrüchte eine purpurne Farbe an. Sie enthalten etwa ein Dutzend mehliger Samenkörner, die man essen kann.

DER JUDASBAUM ALS BONSAI

Standort: Der Standort sollte sonnig bis hell sein, da andernfalls die Blüte ausbleibt. Man überwintert die Pflanze frostfrei an einem hellen Platz im Haus.
Umtopfen: Es erfolgt zu Frühjahrsbeginn vor dem ersten Austrieb. Der Judasbaum verträgt im allgemeinen einen Wurzelrückschnitt gut.
Substrat: Am besten gedeiht der Judasbaum als Bonsai in einer Mischung, die aus 50 % Gartenerde, 30 % Torf und 20 % grobkörnigem Flußsand besteht.

Schnitt: Wenn Wert auf die Blüte gelegt wird, sollte ein Rückschnitt erst nach der Blüte im Frühjahr erfolgen. Im Herbst ist ein Rückschnitt der diesjährigen Triebe sinnvoll.
Wässern: Während der Vegetationszeit regelmäßig, im Herbst und Winter hingegen mäßig gießen. Jedoch sollte man die Erde stets leicht feucht halten.
Düngen: Von April bis Oktober, mit Ausnahme der heißen Sommermonate, einen organischen Langzeitdünger verabreichen.

Judasbaum, Höhe 40 cm, Waldform (Yose-Ue)

DIE ROBINIE

Die Robinie ist mit ihren kräftigen Wurzeln und ihrer Anspruchslosigkeit bestens dazu geeignet, erdrutschgefährdetes Land oder Flußufer zu befestigen.

In diesem Buch werden weitgehend solche Bäume behandelt, die autochthon, also bereits seit jeher in Europa beheimatet sind. Sicherlich kann man jedoch die Arten nicht einfach übergehen, welche zwar von anderen Kontinenten stammen, inzwischen jedoch in unseren Breiten eingewöhnt und aus dem Landschaftsbild überhaupt nicht mehr wegzudenken sind. Hierzu zählt eindeutig die Robinie *(Robinia pseudoacacia)*, auch Scheinakazie genannt.

Ursprünglich war die Robinie in Nordamerika zu Hause. Etwa zu Beginn des 17. Jahrhunderts wurden ihre Samen nach Frankreich gebracht und dort einem gewissen Jean Robin, dem Botaniker, Apotheker und Gärtner des Königs, anvertraut. Ihm verdankt die Robinie ihre Einbürgerung und Verbreitung in Europa, und so wurde sie nach ihm benannt. Etwa ein Jahrhundert später faßte sie im übrigen Europa Fuß und hat sich während der letzten Jahre bisweilen den schon eher zweifelhaften Ruf eines regelrechten Unkrauts erworben.

Viele Menschen wenden sich heutzutage gegen den Einsatz fremdländischer Gehölze in der Wiederaufforstung, weil sie das biologische Gleichgewicht stören. Bei der Robinie sollte man jedoch in seinem Urteil etwas vorsichtiger sein. Gewiß, sie ist keine Einheimische und breitet sich in den Mischwäldern dermaßen aus, daß andere Arten binnen weniger Jahre verdrängt werden. Andererseits aber besitzt sie, mit Bedacht eingesetzt, durchaus auch positive Seiten. Zum Beispiel weisen ihre Wurzeln, wie die anderer Hülsenfrüchtler auch, Knöllchen auf. Die Knöllchen binden Stickstoff aus der Umgebung und bessern so karge oder ausgelaugte Böden auf.

Man könnte die Robinie also als Vorkultur einsetzen, die den Boden auf günstige Weise für die anschließende Pflanzung einheimischer Gehölze vorbereitet. Außerdem ist die Robinie mit ihren kräftigen Wurzeln und ihrer Anspruchslosigkeit in puncto Bodenqualität gut geeignet, um erdrutschgefährdetes Gelände oder Flußufer zu befestigen.

Ihr extrem hartes und fäulnisresistentes Holz findet für Pfähle und Masten, für Stützen von Rebenkulturen sowie beim Bau von gewässerüberspannenden Brükken vielfach Verwendung. Auch die im Juni erscheinenden, duftenden weißen Blütentrauben sind nützlich als Bienenweide. Der Zuckergehalt des Nektars beträgt dabei bis zu 50 %, ist also außergewöhnlich hoch. Nicht von ungefähr ist der daraus gewonnene Honig – im Handel als Akazienhonig erhältlich – nicht nur bei Kennern besonders geschätzt.

All diese Gründe sprechen dafür, die Robinie zu akzeptieren und ihr die manchmal übermäßige Ausbreitung nachzusehen. Läßt man sie ungehindert wachsen, entwickelt sie sich zu einem bis zu 30 m hohen Baum mit schlankem Stamm und lockerer, offener Krone. Sie kann bis zu vierhundert Jahre alt werden, wie jenes Exemplar beweist, das der Sohn von Jean Robin 1636 in den königlichen Gärten pflanzte und das dort noch heute zu bewundern ist.

Robinie (Robinia pseudoacacia)

Stamm: Er ist gerade und spindelförmig, bisweilen gabelt er sich. Die rötlich-braune Rinde ist von tiefen Längsriefen durchzogen. Das sehr harte, biegsame und feuchtigkeitsbeständige Holz zeigt eine schöne goldgelbe Färbung mit dunkler Äderung. Es wird für verschiedene Zwecke als Stütze verwendet, für Fußböden und bei der Herstellung von Sprossenleitern, Turngeräten und Faßdauben.
Blätter: Entlang einem 15 – 20 cm langen Blattstiel sind jeweils neun bis elf ovale, blaßgrüne Fiederblättchen unpaarig angeordnet. Sie erscheinen erst im späteren Frühjahr. Bereits ab Ende des Sommers verfärben sie sich gelblich und beginnen abzufallen. Die Nebenblätter wandeln sich oft in Dornen um.
Früchte: Die 7 – 10 cm langen, ledrigen Hülsenfrüchte öffnen sich mit der Reife und geben die schwärzlichen, sehr harten Samen frei, deren Genuß für den Menschen giftig ist.

DIE ROBINIE ALS BONSAI

Standort: Verlangt wird ein sonniger Platz im Freien. Im Winter sollte das Bonsai-Gefäß in Erde eingesenkt oder zum Schutz mit Stroh oder Laub abgedeckt werden.
Umtopfen: Man topft ungefähr alle zwei bis drei Jahre im Frühjahr vor dem Austrieb um und kürzt dabei den starken Wurzelwuchs. Da die Pflanze keine Staunässe verträgt, ist eine gute Drainage zu gewährleisten.
Substrat: Zu empfehlen ist eine Mischung aus Gartenerde und grobkörnigem Flußsand zu gleichen Teilen. Doch gibt sich die robuste Pflanze mit jedem Substrat zufrieden.
Schnitt: Kurz vor dem Austrieb zur Ausformung der Krone die kleinen Zweige beschneiden. Dabei jedoch die jungen Triebe aussparen, die, solange sie noch nicht verholzt sind, durch den Schnitt austrocknen könnten.
Wässern: Regelmäßig gießen, aber zwischendurch die Erde immer wieder austrocknen lassen.
Düngen: Von Frühjahr bis Herbst einen organischen Langzeitdünger verabreichen.

Robinie, Höhe 91 cm, Besenform (Hokidachi)

DER VOGELBEERBAUM

In der kalten Jahreszeit ist der Vogelbeerbaum völlig unbelaubt, und nur die Dolden roter Früchte bilden seinen auffälligen Schmuck. Viele Vogelarten, darunter Drosseln und Stare, werden von den saftigen Früchten angelockt.

Der Name Vogelbeerbaum, *Sorbus aucuparia,* erklärt sich beinahe von selbst. Tatsächlich werden in der kalten Jahreszeit, wenn die Dolden roter Früchte seinen einzigen Schmuck bilden, Drosseln, Stare und andere Vogelarten von den saftigen Früchten angelockt. Die Vogelfänger wußten dies immer schon zu ihrem Vorteil zu nutzen. Sie pflanzten die Art dort, wo die Vögel sich bevorzugt aufhielten, und spannten zwischen den Bäumen Netze, in denen sich die Tiere verfingen. Auch der lateinische Artname dieses Baumes, *Aucuparia,* verweist auf diesen alten Brauch: *Aucupium* bedeutet „Vogelfang". Inzwischen ist das Einfangen von Vögeln, die als Stubenvögel oder Nahrung dienen, nicht nur in Deutschland gesetzlich verboten.

Die Gattung *Sorbus,* zu der die Vogelbeeren oder Ebereschen, die Mehlbeeren und die Elsbeeren gehören, umfaßt annähernd hundert Arten. Es sind laubabwerfende Bäume und Büsche. Viele Arten werden auch als Zierpflanzen gezüchtet. In der Natur ist der Vogelbeerbaum in ganz Europa anzutreffen, vor allem jedoch in kälteren Klimazonen. Man begegnet ihm wild ab 700 m und bis in 2000 m Höhe, zum Beispiel in den Alpen. Der Vogelbeerbaum wird in der Regel bis zu 15 m hoch und nicht selten bis zu hundertfünfzig Jahre alt. Häufig ist er Bestandteil von Mischwäldern aus Weißbirken, Buchen, Tannen und Weiden. Hier und da sieht man auf sanfteren Berghängen oder Wiesen einen alten Solitär, der einen besonders schönen und beeindrukkenden Anblick bietet.

Zu jeder Jahreszeit bezaubert der Vogelbeerbaum. Der Austrieb beginnt im Mai. Ab Juni erscheinen die ersten weißen Blüten, die zu Dolden vereint sind. Ihr für unsere Nase nicht sehr angenehmer Duft lockt Fliegen und Bienen an. Ab August nimmt das Laub ein sattes, dunkles Grün an. Es steht in reizvollem Kontrast zu den Früchten, die jetzt anschwellen und anfangs gelb, dann orange und im Oktober schließlich feuerrot sind. Im Herbst zeigt sich der Baum von seiner schönsten Seite. Er entfaltet ein herrliches Farbenspiel, das vom Rot der Früchte über gelbe, ockerfarbene, braune und mitunter sogar violette Laubschattierungen reicht. Mit dem ersten Frost wirft der Baum die Blätter ab. Die Früchte aber bleiben dennoch an den Zweigen.

So ist es nur verständlich, wenn die Vogelbeere heute zu den beliebtesten Ziergehölzen zählt. Vor allem in den Gebirgsregionen säumt sie Straßen, steht aber auch vereinzelt vor Haustüren und Kirchen. Vielleicht geht dies auf eine Tradition der nordischen Länder zurück, wo man dem Baum magische Kräfte nachsagt, die Unglück abwenden und Hexen vertreiben. Seine Früchte werden wegen ihres herb-säuerlichen Geschmacks nicht gleich nach dem Pflücken verzehrt, sondern man läßt sie in trockenen Behältern oder auf Matten unter einer Strohabdekkung nachreifen. Doch kann man sie auch gleich nach der Ernte zu Saucen verarbeiten, die man zu Wildgerichten reicht. Außerdem sind sie für Marmeladen und Gelees geeignet.

Vogelbeerbaum (Sorbus aucuparia)

Stamm: Selten mißt sein Durchmesser mehr als 50 cm. Bei alten Exemplaren entwickelt die Rinde eine fast schwärzliche Färbung und breite Risse. In der Jugend ist sie hingegen glatt und von hellem Graubraun. Aus dem harten, festen Holz werden gedrechselte Arbeiten, kleine Skulpturen und Schlitten gefertigt.
Blätter: Sie sind 10 – 20 cm lang und aus etwa zehn bis fünfzehn unpaarig angeordneten, dunkelgrünen Einzelblättchen mit gesägtem Rand zusammengesetzt. Das Laub wird auch als Schaffutter verwertet.
Früchte: Nach der Befruchtung schwellen die Blütenstempel zu kleinen, glatten Kugeln von etwa 1 cm Durchmesser an, die anfangs gelb sind und schließlich eine scharlachrote Färbung annehmen. Die säuerlichen Früchte werden gerne von Vögeln gepickt, die durch Ausscheiden der unverdauten Samen wiederum zur Ausbreitung der Art beitragen.

DER VOGELBEERBAUM ALS BONSAI

Standort: Ideal ist ein sonniger bis heller Standort ohne extreme Lufttrockenheit. Da die Pflanze äußerst frostresistent ist, muß sie im Winter nicht ins Haus geholt werden.
Umtopfen: Es erfolgt alle ein bis zwei Jahre im Frühjahr vor dem Blattaustrieb.
Substrat: Für die Pflanze ist jedes Substrat geeignet, sie bevorzugt jedoch kühle Böden. Optimal ist daher eine Mischung aus Kompost, Ton und grobkörnigem Flußsand zu gleichen Teilen.
Schnitt: Im Herbst oder im zeitigen Frühjahr die jungen Triebe des Baumes äußerst vorsichtig zurückschneiden.
Wässern: Man gießt reichlich in der Wachstumszeit. Im Winter wässert man dagegen sparsamer, dabei jedoch die Erde stets leicht feucht halten.
Düngen: Während des Wachstums verabreicht man alle vierzehn Tage organischen Langzeitdünger.

Vogelbeerbaum, Höhe 83 cm, frei aufrechte Form (Moyogi)

DIE WEIDE

Weil die Trauerweide kühle, feuchte Böden liebt, steht sie fast immer in der Nähe von Flüssen, Seen und Teichen. Oft hängt ihr üppiges Zweigwerk bis ins Wasser hinab und erzeugt dabei die faszinierendsten Spiegelungen.

Wenn von der Weide die Rede ist, denkt wohl fast jeder unweigerlich an die stimmungsvollen Trauerweiden. Zu diesen Bäumen gehört die Chinesische oder Babylonische Trauerweide, die mit ihren langen, herabhängenden Zweigen an einen trauernden Menschen denken läßt. Ihr botanischer Name lautet *Salix babylonica*. Die Bezeichnung ist zurückzuführen auf den Psalm 137, der von den Isrealiten handelt, die sich in babylonischer Gefangenschaft befanden. „An den Strömen von Babel, da saßen wir und weinten ... Wir hängten unsere Harfen an die Weiden in jenem Land.“ Wie diesem Psalm weiter zu entnehmen ist, war Kleinasien nur eine Etappe auf der Reise dieser Pflanze von ihrer ursprünglichen Heimat China in unsere Breiten. Heute jedoch scheint es erwiesen, daß es sich bei den Bäumen im Psalm nicht um Weiden, sondern um Pappeln handelte.

Nach Deutschland gelangte die Trauerweide erst im 18. Jahrhundert. Dank ihrer außerordentlichen Schönheit fand sie als Ziergehölz vielfach Verwendung und gelangte bald zu weiter Verbreitung. Im 19. Jahrhundert erlebte sie ihre Hochblüte, denn ihr melancholisches Erscheinungsbild paßte nur zu gut zum nostalgischen und gefühlvollen Geist der Romantik.

Die Trauerweide liebt kühle, feuchte Böden. Daher steht sie oft in der Nähe von Flüssen, Seen und Teichen. Oft hängt ihr üppiges Zweigwerk bis ins Wasser hinab und erzeugt die faszinierendsten Spiegelungen. Ganz gleich, zu welcher Jahreszeit man sie betrachtet, es geht von ihr immer eine grazile Anmut aus.

Neben dieser bekanntesten Weidenart gibt es noch weitere, die durchaus Erwähnung verdienen. In Europa sind mindestens dreißig Vertreter der Gattung *Salix* beheimatet, die je nach Klima als Baum, als Strauch, kriechend oder zwergförmig wachsen.

Am weitesten verbreitet ist die Silberweide *(Salix alba)*. Ihren Namen verdankt sie der hellen, beinahe silbrigen Färbung ihrer Zweige, Knospen und vor allem der Blattunterseiten. In Deutschland findet man sie häufig an Flüssen in Ebenen, mitunter aber auch noch in 800 – 1000 m Höhe. Mit Pappeln und Erlen schließt sie sich zu Mischwäldern zusammen.

Die Silberweide kommt sowohl als Baum als auch als Strauch vor. Als Strauch besiedelt sie die unmittelbaren Uferzonen, wobei im Gewirr ihrer ins Wasser tauchenden Zweige alles hängenbleibt, was der Fluß mit sich führt. Als Baum hingegen bevorzugt die Silberweide die etwas zurückliegenden wassernahen Bereiche.

Außerdem wird die Silberweide auch auf Feldern als sogenannte Kopfweide kultiviert. Durch das Köpfen, das alle zwei bis drei Jahre vorgenommen wird, treibt sie lange, gerade Äste, die als Stützpfähle dienen. Ihre jungen, sehr biegsamen Zweige werden verwendet, um Weinreben aufzubinden, und natürlich als Flechtmaterial, aus dem die verschiedensten Produkte entstehen. In freier Natur wächst die Silberweide bis zu 30 m hoch und kann hundertfünfzig bis zweihundert Jahre alt werden.

Trauerweide (Salix alba 'Tristis')

Stamm: Häufig ist der gewundene Stamm bis zur Basis gegabelt. Die Rinde ist bei der Chinesischen Trauerweide gräulich-braun und tief zerfurcht, bei der Silberweide hingegen grau und von einem Netz feiner Riefen überzogen. Seit Jahrtausenden und bis vor kurzem noch wurde die Rinde der Silberweide als Heilmittel gegen Rheuma und Fieber eingesetzt. Sie enthält Salizin, woraus der Hauptwirkstoff des Aspirins gewonnen wird. Das Holz der Silberweide ist weich, feinkörnig und splittert nicht. Es wird in der Bildhauerei, für Stützbalken und auch für Holzsandalen verwendet. Es eignet sich auch für die Herstellung der traditionellen holländischen Holzpantinen, da es sehr leicht ist. Die dünnen Zweige, die Weidenruten, dienen als Flecht- und Bindematerial.
Blätter: Sie sind lanzettförmig zugespitzt, gesägt und bei der Chinesischen Hängeweide 10 – 15 cm, bei der Silberweide hingegen nur 5 – 10 cm lang. Im Herbst nimmt ihr Grün eine goldgelbe Färbung an. Das Laub der Silberweide ist unterseits von einem dichten, seidigen, silbrigen Flaum überzogen.

DIE WEIDE ALS BONSAI

Standort: Sie liebt Sonne und Wind, wobei jedoch übermäßige Wärme und Kälte zu vermeiden sind. Gegebenenfalls im Winter an einen hellen Platz im Haus stellen.
Umtopfen: Die Pflanze alle zwei bis drei Jahre im Frühjahr umtopfen, dabei die Wurzeln um die Hälfte einkürzen.
Substrat: Ein Gemisch aus Komposterde, grobem Flußsand und Gartenerde zu gleichen Teilen wird optimal vertragen.
Schnitt: Beim Umtopfen gleichzeitig einen Formschnitt vornehmen und im Verlauf der Wachstumsperiode so weit zurückschneiden, wie es die Baumform verlangt. Um den Habitus einer Trauerweide zu erhalten, hängt man an die Enden der dünnen Zweige während der Wachstumszeit kleine Gewichte.
Wässern: Ganzjährig reichlich gießen. Während der heißen Sommermonate kann es aufgrund des hohen Wasserverbrauchs notwendig werden, mehr als einmal am Tag zu wässern.
Düngen: Etwa zwei Monate nach dem Umtopfen und bis Oktober alle 20 Tage organischen Langzeit- oder Flüssigdünger verabreichen.

Trauerweide, Höhe 63 cm, Trauerform

DER APFELBAUM

Der Apfel ist eine bemerkenswerte Frucht, denn er enthält viele Vitamine, Mineralstoffe und Zucker. Das Schönste an dieser Pflanze ist aber ihre Blüte, die im Frühjahr die Landschaft mit zauberhaften Farbtupfern belebt.

Der Apfel ist so alt wie die Menschheit selbst. Außer der biblischen Geschichte von Adam und Eva gibt es eindeutige Beweise dafür, daß die Menschen schon im Neolithikum, also vor etwa siebentausend Jahren, Äpfel gegessen haben. Zweifellos handelte es sich nicht um die gleichen Früchte, die heute bei uns auf den Tisch kommen, sondern um kleine, saure Äpfel, die aber immerhin eine schöne, appetitliche Farbe zwischen gelblichem Grün und Rot besaßen. Es waren die Früchte des Holzapfelbaumes *Malus silvestris,* der noch heute in ganz Europa weit verbreitet ist.

Der Baum erreicht eine maximale Höhe von 10 m. Die Zweige sind im noch nicht verholzten Stadium von einem zarten, olivgrünen Flaum überzogen. Später weisen sie Dornen auf. Die Rinde des Holzapfelbaumes ist bräunlich-grau und von unregelmäßigen Schuppen bedeckt. Seine nicht sehr schmackhaften Früchte sind nur etwa 3 cm groß. Das Schönste an dieser Pflanze ist zweifellos die Blüte. Die Knospen zeigen ein tieferes Rosa als die der Zuchtformen. Wenn sie sich im Frühjahr öffnen, beleben sie die Landschaft mit zauberhaften rosa-weißen Farbtupfern.

Der Mensch verstand schon bald, daß sich die Qualität der Früchte durch geeignete Kulturmaßnahmen verbessern läßt. In unserem Jahrhundert konnten durch Veredelung und Kreuzung mit asiatischen und amerikanischen Arten jene Äpfel gezüchtet werden, die wir heute essen. Doch müssen Äpfel schon in der Antike eine hohe Wertschätzung genossen haben, hatte doch Herkules als elfte seiner Aufgaben die goldenen Äpfel der Hesperiden zu erwerben.

Viele Völker Mitteleuropas gewannen durch Vergären des Saftes Apfelwein, der nicht nur als erfrischendes Getränk, sondern auch als Heilmittel bei Verbrennungen und Verstauchungen diente. Der Holzapfel spielte in der Küche des Mittelalters eine große Rolle als Lieferant einer sauren Essenz, mit der man Salate würzte und Speisen konservierte. Außerdem bereitete man aus Äpfeln Apfelmus, das man zu Wildgerichten aß. Die heutigen Äpfel sind viel dicker, glänzender und intensiver gefärbt.

Der Apfel enthält viele Mineralstoffe, Vitamine und Zucker, erfrischt, ist außerordentlich bekömmlich und als Flüssigkeitsspender sehr beliebt. Zudem wirkt er, roh verzehrt, antiseptisch und adstringierend. Gekocht übt er hingegen eine leicht abführende Wirkung aus.

Der Gattung *Malus* gehören etwa fünfundzwanzig Arten an, die aus den gemäßigten Breiten der nördlichen Halbkugel stammen. Sie gehören zu den anspruchsloseren Obstgehölzen. Viele werden ausschließlich ihrer herrlichen Blüte wegen als Ziergewächse kultiviert.

Doch kehren wir noch einmal zurück zum Stammvater der modernen Apfelbäume, dem Holzapfel, der heute meist als Unterlage für Kulturformen genutzt wird. In Europa ist er von der Tiefebene bis in 1500 m Höhe anzutreffen. Er liebt sonnige, exponierte Lagen mit trockenem, steinigem Grund.

Holzapfel (Malus silvestris)

Stamm: Er ist gerade und von einer bräunlich-grauen, rissigen Rinde umgeben. Die Zweigenden sind beim Holzalpfelbaum dornig und hart, die der Kulturformen dagegen glatt und elastisch. Das Holz ist ein guter Brennstoff, wird aber auch für Schreiner- und Drechslerarbeiten verwendet. Es besitzt eine gräulich-gelbe bis rötliche Färbung.
Blätter: Vor den Blüten erscheinen im Frühjahr die leuchtend grünen, fast ledrigen, oval-zugespitzten und gezähnten Blätter. Nach dem Laubfall relativ früh im Herbst bleiben die Früchte an den kahlen Zweigen erhalten.

Früchte: Zwischen April und Mai sprießen die ersten Blüten. Außen sind sie rosa überhaucht und innen weiß. Sie sind zu Dolden vereint und weisen als auffälliges Merkmal ungefähr vierzig bis fünfzig goldgelbe Staubfäden auf. Die Bestäubung erfolgt durch Insekten. Schon im frühen Sommer, in der Regel ab etwa Mai oder Juni, nehmen die Früchte allmählich ihre rundliche Form an und erreichen gegen Oktober die volle Reife. Am Stielansatz zeigen sie eine ganz charakteristische Vertiefung.

DER APFELBAUM ALS BONSAI

Standort: Der Baum liebt Licht und volle Sonne. Im Winter ist das Bonsai-Gefäß im Garten in die Erde einzusenken, um es vor dem Durchfrieren zu schützen.
Umtopfen: Umgetopft wird alle zwei bis drei Jahre zu Frühjahrsbeginn.
Substrat: Man verwendet am besten Gartenerde mit Beimischungen von Kompost und grobem Flußsand.
Schnitt: Die neuen Triebe nach der Blüte beschneiden, um auszuschließen, daß auch der Fruchtansatz entfernt wird. Im frühen Herbst ist es in der Regel notwendig, einen Formschnitt an den verholzten Zweigen und Ästen vorzunehmen.
Wässern: Man gießt reichlich in der Wachstumsperiode und vor allem, während die Pflanze Früchte trägt. Zur Vorbeugung gegen Pilzbefall die Blätter besprühen.
Düngen: Von Frühjahr bis Herbst empfiehlt es sich, am besten einen organischen Langzeitdünger zu verabreichen.

Apfelbaum, Höhe 53 cm, Besenform (Hokidachi)

DER KIRSCHBAUM

Kirschbäume spielen in der japanischen Gartenkunst eine große Rolle. Im Frühjahr werden anläßlich der Kirschblüte große Feste gefeiert und Pilgerfahrten zu den bedeutendsten Tempeln unternommen.

Die Vogelkirsche gehört zu den in Mittel- und Südeuropa am meisten verbreiteten Baumarten. Sie ist zwar nicht ursprünglich auf unserem Kontinent beheimatet, doch seit Urzeiten hier eingebürgert: Kirschkerne wurden sogar schon in Siedlungen aus dem Neolithikum und der Bronzezeit gefunden. Vermutlich liegt die Heimat des Baumes in Kleinasien. Nach Europa gelangte er durch den Menschen, vor allem aber durch die Vögel. Sein wissenschaftlicher Name *Prunus avium* – übersetzt Vogelkirsche – deutet dies schon an. Besonders Amseln, Drosseln, Krähen und Stare schätzen seine Früchte.

In Deutschland ist dieser auch unter dem Namen Süßkirsche bekannte Baum in weiten Teilen anzutreffen. Er wächst hier sowohl in den Ebenen als auch in höheren Lagen der Voralpen, da er vergleichsweise relativ frosthart ist.

Der schöne, aufrechte Baum mit einer pyramidenförmigen Krone wird stattliche 20 bis 30 m hoch. Den Höhepunkt seiner Entwicklung erreicht er ungefähr mit fünfzig Jahren und damit etwa in der Mitte des Lebens. Mehr als hundertjährige Kirschbäume sind selten zu finden, eine weit höhere Lebenserwartung hat die Kirsche hingegen als Bonsai.

Zweimal im Jahr bietet die Vogelkirsche einen zauberhaften Anblick: im Frühjahr, wenn sie mit ihrem weißen Flor die Mischwälder aus Buche, Ahorn, Weißbirke, Blumenesche und Eiche belebt, und im Herbst vor dem Laubfall, wenn sie eine spektakuläre orangerote bis rotviolette Färbung annimmt.

Die wunderschöne und reiche Blüte der Kirsche ist auch der Grund dafür, daß sie bei allen Bonsai-Freunden sehr beliebt ist und schon seit Jahrhunderten von den Japanern verehrt wird. Ihre weißen Blüten erscheinen sehr dicht und unmittelbar vor dem Austrieb der Blätter.

Prunus-Arten nehmen bis heute in der Kunst und Literatur Japans einen wichtigen Platz ein. Es existieren dort Bonsais der Kirsche, welche von Generation zu Generation weitervererbt wurden und mittlerweile ein Alter von etwa dreihundert Jahren erreicht haben. In Japan werden im Frühjahr anläßlich der Kirschblüte große Feste gefeiert und Pilgerfahrten zu den bedeutendsten Tempeln abgehalten.

Im Laufe der Jahrtausende lernte der Mensch, den Kirschbaum immer besser zu nutzen. Die Früchte werden roh gegessen, aber auch zu Konfitüre und Gelee verarbeitet. In Deutschland, Österreich und der Schweiz brennt man aus ihnen Kirschwasser, einen starken und aromatischen Branntwein, und in England den berühmten Cherry Brandy, einen süßen, vollmundigen Likör.

Das Wort Kirsche ist vermutlich über das althochdeutsche *chirsa* auf das lateinische *cerasus* zurückzuführen, das sich möglicherweise von der lateinischen Bezeichnung der antiken Landschaft Kerasond, *Cerasunte*, am Schwarzen Meer ableitet. In diesem Gebiet war die Kirsche in der Antike stark verbreitet.

Vogelkirsche (Prunus avium)

Stamm: Er ist gerade und reicht häufig bis zur Kronenspitze. Sein Durchmesser kann bis zu 1 m betragen. Die gräuliche Rinde weist waagerechte Streifen auf und ist von braunen Lentizellen, pustelartigen Erhebungen, überzogen. Im Alter löst sie sich in Querstreifen ab. Das äußerst wertvolle Holz ist weißlich mit einem Anflug von Rosa und glänzend. Trotz seiner halbharten Beschaffenheit läßt es sich biegen und gut bearbeiten. Man fertigt aus ihm Möbel, Fußbodenbeläge, Musikinstrumente und Faßdauben sowie feine Intarsienarbeiten für Schmuckdosen, Pfeifen und Toilettenartikel.

Blätter: Sie sind im Durchschnitt 5 – 12 cm lang und 3 – 6 cm breit, auf der Oberseite etwas rauh und dunkler als auf der Unterseite, die leicht behaart ist. Die Form der Blätter ist elliptisch, der Rand doppelt gezähnt.
Früchte: Die kugeligen bis leicht herzförmigen und etwa 1 cm großen Steinfrüchte sind dunkelrot, wenn sie voll ausgereift sind. Das süßliche Fruchtfleisch birgt einen glänzenden Kern. Verglichen mit den Früchten der Kulturformen sind diese Kirschen weit weniger süß und saftig, doch enthalten sie viel Vitamin C.

DER KIRSCHBAUM ALS BONSAI

Standort: Er sollte sonnig bis hell sein. Im Winter die Schale im Garten eingraben und mit Laub abdecken, um den Wurzelballen vor zu starkem Frost zu schützen.
Umtopfen: Alle zwei bis drei Jahre im Frühjahr umtopfen und dabei die kräftigen Wurzeln um ein Drittel einkürzen.
Substrat: Optimal ist eine Mischung aus Gartenerde, grobkörnigem Flußsand und Torf zu gleichen Teilen. Auf gute Drainage achten, da die Pflanze ein durchlässiges Substrat liebt, aber keine Staunässe verträgt.
Schnitt: Nach der Blüte beginnt man, die Neutriebe bis auf zwei Blattpaare zurückzuschneiden. Bei einem Formschnitt sollte man darauf achten, daß nicht zu viele der bereits angelegten Blütenknospen entfernt werden.
Wässern: Von April bis September täglich gießen, in den kalten Monaten die Erde gleichmäßig feucht halten.
Düngen: Von März bis Juni und erneut von September bis Oktober erhält die Pflanze alle zwanzig bis dreißig Tage einen organischen Langzeitdünger.

Kirschbaum, Höhe 57 cm, frei aufrechte Form (Moyogi)

DER FEIGENBAUM

Die Feige spielte schon immer eine wichtige Rolle für die Ernährung der Mittelmeervölker. Sie wurde von Athleten und Philosophen geschätzt, weil man glaubte, daß sie sowohl die Muskeln als auch die Intelligenz stärken würde.

Die Feige *(Ficus carica)* ist zweifellos einer der am weitesten verbreiteten Bäume im gesamten Mittelmeerraum, wozu nicht zuletzt ihre extreme Anspruchslosigkeit beigetragen hat. Besonders die Wildformen gedeihen noch auf den kärgsten Böden. Vor allem in Süditalien sieht man sie häufig aus Felsritzen oder zwischen den Steinen der niedrigen Einfriedungsmauern sprießen.

Die Feige ist in den antiken Schriften eine der am häufigsten erwähnten Pflanzen. In der Genesis steht geschrieben, daß Adam und Eva nach dem Genuß der verbotenen Frucht die Augen aufgingen und sie erkannten, daß sie nackt waren. Also hefteten sie Feigenblätter zusammen und machten sich einen Schurz. Einigen Legenden zufolge war der Baum der Erkenntnis von Gut und Böse kein Apfel-, sondern ein Feigenbaum.

In Griechenland wurde er mit Priapus, dem Gott der Fruchtbarkeit, in Verbindung gebracht. In Rom galt er als Baum des Gottes Mars, der Romulus und Remus gezeugt hatte und damit der Grün der Roms war. Man erzählte sich, daß die Zwillinge im Schutz des großen Feigenbaums auf dem Forum Romanum von der Wölfin gesäugt worden seien.

Doch nicht nur als Gegenstand von Erzählungen und Legenden spielte die Feige schon immer eine große Rolle, sondern vor allem für die Ernährung aller Mittelmeervölker. Da sie sich gut trocknen lassen, standen die Früchte das ganze Jahr über zur Verfügung und dienten in Notzeiten neben Gerstenmehl und Ziegenkäse als Grundnahrungsmittel. Dies ist nicht zuletzt auf ihren hohen Gehalt an Zucker und Vitaminen zurückzuführen, die in den getrockneten Früchten besonders konzentriert vorkommen. Feigen sind auch sehr bekömmlich und wirken sogar leicht abführend.

Bei den alten Griechen galten Feigen als Kraftspender und wurden wegen ihres Kalziumgehaltes Jugendlichen in der Wachstumsphase und Alten zur Stärkung der Gesundheit gegeben. Überdies wurden sie auch von Athleten und Philosophen geschätzt, da sie sowohl die Muskeln als auch die Intelligenz stärken sollten. Schwangere aßen einige Tage vor der Entbindung große Mengen von Feigen, um die Geburt zu beschleunigen und weniger schmerzhaft zu machen.

Mit dem Milchsaft, der aus den Blattstielen und unreifen Früchten austritt, wurden noch in jüngster Vergangenheit Warzen behandelt. Früher verwendete man diesen Milchsaft auch zum Dicklegen der Milch bei der Käseherstellung. In Portugal wird sogar eine Art Grappa aus vergorenen Feigen gebrannt.

All dies stammt von einem kleinen Baum, der kaum mehr als 10 m hoch wächst und ursprünglich aus Westasien stammt, inzwischen jedoch überall in mediterranen Gebieten anzutreffen ist.

Da die Feige kaum frosthart ist, wird sie jedoch in Deutschland selten im Freien kultiviert. Ausnahmen bilden einzelne Gebiete wie etwa die Pfalz, wo sie in dem milden Klima den Winter übersteht. Als Topf- und Kübelpflanze wird sie aber häufiger im Handel angeboten.

Feigenbaum (Ficus carica)

Stamm: Sofern die Feige keine Strauchform entwickelt, was vor allem bei wilden Exemplaren vorkommt, bildet sie einen Baum von bis zu 10 m Höhe. Typisch ist die dünne, glatte, aschgraue Rinde. Das Holz ist weißlich bis blaßgelb, die Jahresringe sind kaum zu erkennen. Das weiche Holz wird für kleine handwerkliche Erzeugnisse wie Zollstäbe verwendet. Häufig nimmt der kurze Stamm einen gewundenen Verlauf und kann sich auch gabeln.

Blätter: Sie sind unregelmäßig drei- bis fünffach gelappt und sitzen an langen Blattstielen. Auf der Oberseite sind sie rauh, auf der Unterseite von einem feinen Flaum überzogen.
Früchte: Die Wildfeige trägt kleine, ungenießbare Früchte. Bei den Kulturformen sind sie hingegen fleischig, sehr süß und von grünlich-gelber bis violetter Farbe. Ein Baum kann pro Jahr bis zu drei Fruchtgenerationen hervorbringen. Getrocknete Feigen enthalten etwa 50 % Zucker und extrem viel Kalzium.

DER FEIGENBAUM ALS BONSAI

Standort: Von April bis Oktober erhält der Bonsai einen sonnigen Platz im Freien, im Winter einen relativ warmen Standort in der Wohnung. Bei zu niedrigen Temperaturen wirft er die Blätter ab, Frost führt sogar zum Absterben.
Umtopfen: Alle zwei bis fünf Jahre im Frühjahr, bei Anschwellen der Knospen. Gleichzeitig werden die Wurzeln stark beschnitten.
Substrat: Die Feige liebt frische, tiefgründige Böden, verträgt aber auch ein kalkhaltiges Substrat. Empfehlenswert ist eine Mischung aus Ton, Komposterde und grobkörnigem Flußsand.

Schnitt: Das Beschneiden sollte erst nach dem Ende der Vegetationsperiode im Spätsommer oder Herbst erfolgen. Konsequentes Abstreifen größerer Blätter führt binnen weniger Jahre zu drastischer Verkleinerung des Laubes.
Wässern: In der warmen Jahreszeit reichlich gießen. Zwischen den Wassergaben sollte die Erde trocknen. Im Winter mäßig feucht halten.
Düngen: In der Wachstumszeit und im Herbst einen organischen Langzeitdünger verabreichen, niemals jedoch im August und wenn die Pflanze Blüten und Früchte trägt.

Feigenbaum, Höhe 36 cm, Besenform (Hokidachi)

DIE HASELNUSS

Überreste aus der nacheiszeitlichen Epoche deuten darauf hin, daß die Haselnuß schon seit dieser Zeit in Europa beheimatet ist. Vermutlich dienten ihre Früchte den Menschen schon damals als Nahrungsmittel.

Die Haselnuß bildet einen 6 bis 8 m hohen Strauch mit mehreren Stämmen, die einer gemeinsamen Basis hervorgehen, oder aber einen kleinen Baum. Ihre Lebenserwartung liegt bei etwa einhundert Jahren. Da sie ständig Ausläufer bildet, aus denen sich neue Pflanzen entwickeln, vermag sie sich immer wieder zu regenerieren. Sie ist über den gesamten europäischen Raum verbreitet. Man trifft sie in allen Höhenlagen von der Ebene bis zu den ersten Mischwäldern im Gebirge an, selten jedoch oberhalb 1200 m.

Der botanische Name *Corylus avellana* ist leicht zu erklären: *Corylus* leitet sich vom griechischen Wort *korys* ab, das Helm bedeutet und auf die Blätterhülle anspielt, welche die Früchte zum Teil umschließt. *Avellana* geht auf den Namen eines Städtchens in Kampanien zurück. Das einstige Abella und heutige Avellino war früher auf den Haselnußanbau spezialisiert. Daß die Nüsse aus dieser Stadt wahrhaftig eine Delikatesse gewesen sein müssen, wird allein daran deutlich, daß der Haselstrauch auf spanisch heute noch *avellano* heißt.

Überreste aus der nacheiszeitlichen Epoche, die also fünfzehntausend Jahre alt sind, deuten darauf hin, daß es sich um eine ursprünglich europäische Pflanze handeln muß. Vermutlich dienten ihre Früchte, die sich getrocknet lagern lassen, zusammen mit den Bucheckern den Menschen der Vorzeit als Hauptnahrungsmittel. Und wahrscheinlich waren es die Bewohner der Pfahlbauten, die zur Verbreitung der Haselnuß in ihrer sumpfigen Gegend beigetragen haben.

Da die Pflanze dem Menschen schon so lange bekannt ist, hat dies zur Folge, daß sie Eingang in viele Volksmärchen fand: Zauberstäbe aus Zweigen des Haselstrauchs verliehen dem Besitzer die Fähigkeit, Edelmetalle, kostbare Steine und verborgene Schätze aufzufinden, Verbrecher zu enttarnen oder auch sich selbst unsichtbar zu machen. Noch heute werden die Wünschelruten, mit denen Wasser- oder Erzadern aufgespürt werden, aus Haselstrauchzweigen gefertigt. Die Kelten und ihre Priester, die Druiden, betrachteten die Haselnuß als Frucht der Erkenntnis, welche die Fähigkeit verleihe, die Künste und die neuen Wissenschaften besser zu verstehen. In Deutschland schenkte man früher in manchen Gebieten Jungvermählten Walnüsse und Haselnüsse als Sinnbild der Fruchtbarkeit.

Der Haselstrauch gedeiht auch auf mageren Böden noch gut. Häufig macht er sich gemeinsam mit Esche und Weißbirke durch das fallende Laub, das sich schnell in Humus verwandelt, als Bodenverbesserer verdient. So können sich in der Folge dort auch anspruchsvollere Baumarten ansiedeln. Die Haselnuß breitet sich mit der Hilfe von Vögeln und kleinen Nagetieren wie Eichhörnchen aus, die beim Zusammentragen der Wintervorräte hier und da einige Samen verlieren. Die männlichen Blüten werden im Sommer angelegt. Bereits gegen Ende Februar zeigt sich das erste zarte Gelb des Blütenstaubes und kündet so vom nahenden Frühling.

Haselnuß (Corylus avellana)

Stamm: Er ist stark verzweigt bis hinunter zur Basis, so daß die Pflanze einen strauchförmigen Habitus annehmen kann. Die braungraue Rinde ist in der Jugend glatt und glänzend und weist zahlreiche Lentizellen, das heißt warzige Erhebungen, auf. Später ist sie häufig von Rissen durchzogen und bröckelt deshalb ab. Das Holz ist weiß bis rötlich, weich und biegsam. Es dient als Material für Wünschelruten, Pfeifen und Spazierstöcke. Die einjährigen Triebe finden als Flechtmaterial für Körbe Verwendung. Aus der Holzkohle werden Schießpulver und Zeichenkohle hergestellt.
Blätter: Sie sind wechselständig, rundlich bis oval mit kurzer Spitze und doppelt gesägt. Das junge Laub fühlt sich samtig an. Noch bevor die Blätter sprießen, zeigen sich die männlichen Blüten als gelbe Kätzchen.
Früchte: Gleichzeitig mit den Blättern entwickeln sich die weiblichen Blüten. Ihre Knospen unterscheiden sich von denen der Blätter durch die roten Narben. Die Bestäubung erfolgt durch den Wind. Bei den Früchten, den Nüssen, handelt es sich um sogenannte Schließfrüchte. Sie bestehen aus einer holzigen Schale, die becherförmig von einer blattartigen Hülle umgeben ist und den Samen birgt. Dieser hat mit einem Gehalt von 60 % Pflanzenfett und 20 % Protein einen hohen Nährwert.

DIE HASELNUSS ALS BONSAI

Standort: Im Sommer die Pflanze nach Möglichkeit in den Halbschatten, in der übrigen Zeit an einen sonnigen bis hellen Platz stellen. Kälte wird vertragen.
Umtopfen: Alle zwei bis drei Jahre im Frühjahr vor dem Austrieb.
Substrat: Ideal ist eine Mischung aus nährstoffreicher Gartenerde und Flußsand oder Ton zu gleichen Teilen.
Schnitt: Von März bis September die Triebe auf zwei Blattansätze zurückschneiden. Formschnitt im Februar vor dem Austrieb.
Wässern: Die Haselnuß liebt feuchte Erde. Daher im Sommer täglich gießen. Besonders wichtig ist dies, wenn die Nüsse reifen.
Düngen: Von Februar bis Juni sowie im September und Oktober einen organischen Langzeitdünger verabreichen.

Haselnuß, Höhe 36 cm, Mehrfachstamm (Kabudachi)

DIE KAKIPFLAUME

Die ursprüngliche Heimat der Kakipflaume liegt in Japan. Vor über hundert Jahren gelangte sie auch nach Europa, wo sie vor allem in den Mittelmeerländern verbreitet ist.

Die ursprüngliche Heimat der Kakipflaume *(Diospyros kaki)*, die auch Japanische Dattelpflaume oder Chinesische Quitte genannt wird, liegt in Japan. Vor langer Zeit fand sie aber auch schon Verbreitung in den subtropischen Gebieten Nordchinas, Formosas und Koreas. Dort wird sie schon über zweitausend Jahre lang wegen ihrer Früchte kultiviert.

Vor mehr als hundert Jahren gelangte die Kakipflaume dann auch nach Europa, wo sie aber nur in den mediterranen Gebieten anzutreffen ist. Oft handelt es sich hier um Sorten, die aus den nördlichsten Verbreitungsgebieten in Ostasien stammen, da sie unempfindlicher gegen niedrigere Temperaturen sind.

In Europa ist die Kakipflaume vor allem in Italien, Frankreich und Spanien anzutreffen, meist in Gebieten, in denen auch Olivenbäume und Zitrusgewächse angebaut werden. In Deutschland wächst sie vereinzelt nur in den milderen Lagen am Oberrhein.

Neuerdings werden auch in Kalifornien und Florida bestimmte Sorten der Kakipflaume gepflanzt.

Bei der Kakipflaume handelt es sich um einen Baum mit meist runder Krone, der eine Höhe von 5 bis 15 m erreicht. Der Stamm ist kurz und erreicht einen Durchmesser von ungefähr 30 cm.

Die Früchte müssen, um wohlschmekkend zu sein, voll ausreifen. Der Grund dafür ist, daß der hohe Zuckeranteil – er kann bis zu 20 % betragen – erst gegen Ende der Reifezeit in die Früchte eingelagert wird. Die Vollreife ist dann erreicht, wenn die Früchte eine dunkelrote Färbung angenommen haben.

Allerdings ist ein längerer Transport der Früchte kaum möglich: Im Gegensatz zu vielen anderen Früchten reifen Kakis nicht nach. Reife Kakis müssen jedoch sofort verbraucht werden, und ihre Haltbarkeit kann auch durch Kühlung nicht verlängert werden.

Die botanische Gattungsbezeichnung findet ihren Ursprung im Griechischen. Der Name *Diospyros* setzt sich zusammen aus *dios,* was soviel wie göttlich bedeutet und auf den himmlischen Geschmack anspielt, und *pyros*, was Frucht heißt.

Ein weiterer Vertreter der Gattung *Diospyros* ist die Italienische Dattelpflaume *(Diospyros lotus)*. Sie stand schon bei den alten Römern in hohem Ansehen wegen des Schattens, den ihre dichte Krone spendet, wie auch wegen ihres äußerst widerstandsfähigen Holzes. Noch heute wird sie in Rom als beliebter Alleebaum angepflanzt.

Ihre Heimat liegt in den Tälern des Himalajas. Heute ist sie unter anderem in Kleinasien, Indien, Persien und im gesamten Mittelmeergebiet anzutreffen, wo sie auch wegen ihrer Früchte angebaut wird. Diese sind deutlich kleiner als die Kakifrucht und ähneln im Aussehen einer schwarzen Kirsche. Weil sie einen hohen Tanningehalt aufweisen, sollten sie jedoch vor dem Verzehr mit warmem Wasser abgewaschen werden. Im Gegensatz zur Kakipflaume, die nur hundertfünfzig Jahre alt wird, erreicht die Italienische Dattelpflaume ein Alter von bis zu fünfhundert Jahren.

Kakipflaume (Diospyros kaki)

Stamm: Er wächst fast nie absolut aufrecht. Bei den Jungpflanzen ist die Rinde im allgemeinen haselnußbraun und glatt, im Alter dann wird sie schwarzbraun und entwickelt tiefe, längs und quer verlaufende Risse. Das harte, fein strukturierte und dunkle Holz wird häufig in der Kunsttischlerei verarbeitet.
Blätter: Sie sind wechselständig und zugespitztoval. Während die Oberfläche dunkelgrün glänzt, ist die Unterseite matter und samtig behaart. Im Herbst nimmt das Laub, bevor es abgeworfen wird, eine durchaus attraktive, rotviolette Färbung an.
Früchte: Es handelt sich um große, glatte Beeren mit orangegelber Farbe und einer Form, die der von Tomaten ähnlich ist. Sie hängen den Winter über noch nach dem Laubfall am Baum, was ihm ein sonderbares Aussehen verleiht. Nach dem Pflücken bleiben am Stielansatz Reste des Blütenkelches erhalten.

DIE KAKIPFLAUME ALS BONSAI

Standort: Die Pflanze liebt Sonne und frische Luft, verträgt aber keine starken Fröste. Daher stellt man sie im Winter bei mindestens 5 °C an einen hellen Platz im Haus.
Umtopfen: Es erfolgt alle zwei bis drei Jahre im Frühjahr, bevor sich die Knospen öffnen, oder aber im Herbst nach dem Laubfall.
Substrat: Empfohlen wird Gartenerde, vermischt mit etwas Sand und ein wenig Ton.
Schnitt: Da die Pflanzen zur Bildung langer, gerader Schößlinge neigen, die Neutriebe auf zwei Blattpaare einkürzen. Im Winter einen Formschnitt vornehmen.
Wässern: Ganzjährig gießen, in der kalten Jahreszeit jedoch, im blattlosen Zustand, die Erde zwischen den Wassergaben gründlich abtrocknen lassen.
Düngen: Von April bis Juli verabreicht man am besten einen organischen Langzeitdünger; im September und Oktober sind zusätzliche Phosphor- und Kaliumgaben in geringen Mengen empfehlenswert.

Kakipflaume, Höhe 79 cm, Besenform (Hokidachi)

DER ÖLBAUM

Der Überlieferung nach kehrte die von Noah gesandte Taube mit einem Ölblatt im Schnabel zurück. Der Baum galt als Symbol des Friedens – eine Bedeutung, die sich bis in die heutige Zeit gehalten hat.

Wenn man vom Ölbaum erzählt, kommt dies in gewisser Weise einem Streifzug durch die Geschichte aller Mittelmeervölker, von den Phöniziern über die Griechen bis hin den Römern, gleich. Seit Jahrtausenden sind die Oliven aus ihrem Leben und auch ihrer Wirtschaft nicht wegzudenken.

Die Herkunft des Ölbaums ist dagegen umstritten. Die einen behaupten, er stamme aus Westasien und sei dann durch die Phönizier, die Griechen und schließlich die Römer bis nach England gebracht worden. In Italien gefundene fossile Blätter der Wildsippe führten aber zu einer anderen Theorie: Die heute bekannte Kulturform sei nichts weiter als das Ergebnis gezielter Zuchtmaßnahmen, die der Mensch an der Wildform vorgenommen habe. Damit würde sich auch der wissenschaftliche Name *Olea europaea* rechtfertigen.

Die maximale Höhe des Baumes übersteigt niemals 15 bis 20 m. Dabei entwikkelt der Stamm vor allem im Alter durchaus beeindruckende Ausmaße, und die Krone mit ihren teilweise recht bizarr gewundenen Zweigen kann einen Durchmesser von bis zu 20 m erreichen. Neben der Eibe zählt der Ölbaum zu den langlebigsten Pflanzen überhaupt. Im Mittelmeergebiet sind Exemplare, die älter als tausend Jahre sind, keine Seltenheit. Angeblich soll sich der älteste Baum im Tal der Tempel in Agrigent, der noch heute in vollem Saft steht, schon vor dem Bau der Tempel, also vor sage und schreibe beinahe zweitausendfünfhundert Jahren, dort befunden haben.

Ölbaum (Olea europaea)

Der Ölbaum ist eine der charakteristischsten Pflanzen des Mittelmeerraums. Man findet ihn von Portugal bis Griechenland und vom Iran bis nach Marokko. Mit dem langlebigen Ölbaum verbindet sich von jeher ein hoher Symbolwert. Der Überlieferung nach kehrte die von Noah gesandte Taube mit einem Ölblatt im Schnabel zur Arche zurück. Der Baum galt dadurch als Symbol des Friedens – eine Bedeutung, die sich bis in die heutige Zeit gehalten hat. Bei den Römern war der Ölbaum der Göttin Minerva geweiht und galt auch in dieser Bestimmung als Symbol für Frieden und Weisheit. Und noch heute bringt man am Palmsonntag einen geweihten Ölzweig als Sinnbild des Friedenswunsches ins Haus. Der Preis der Sieger der antiken Olympiade bestand in einem Kranz aus Olivenzweigen. Mit Olivenöl wurden in der Antike rituelle Salbungen vorgenommen, und schon die alten Ägypter legten ihren Mumien einen Kranz aus Ölzweigen um die Stirn.

Im Mittelalter wurde der Ölbaum in Südeuropa von den Mönchen, vor allem von den Benediktinern, kultiviert. Aus seinen Früchten preßten sie Öl, aus den Blättern und Blüten gewannen sie Heilmittel mit reinigender, stärkender und fiebersenkender Wirkung. Jahrhundertelang bildeten Oliven zusammen mit einfachem Brot die Grundnahrungsmittel der Mittelmeervölker. Schließlich ist das Olivenöl das wertvollste aller Pflanzenöle. Dabei rangiert Italien weltweit unter den führenden Erzeugern.

Stamm: Bei älteren Exemplaren erreicht der unregelmäßige, knorrige Stamm stattliche Ausmaße. Die hellgraue Rinde wird im Laufe der Jahre von Rissen durchzogen. Das gelbbraune, bisweilen marmorierte Holz findet in der Kunsttischlerei, für kostbare Fußbodenbeläge und bei der Herstellung von Küchenutensilien und Schalen Verwendung. Es gibt auch ein hervorragendes Brennmaterial ab.

Die Pflanze treibt selbst dann neu aus, wenn sie an der Basis gekappt wird. Der abgebildete Bonsai entstand auf diese Weise aus einem etwa hundertjährigen Exemplar, das unter Frost stark gelitten hatte. Durch große Geduld und viele Stunden Gestaltungsarbeit entstand dieser attraktive Bonsai.

Blätter: Sie wachsen gegenständig an kurzen Stielen, sind ganzrandig, immergrün und 5 – 6 cm lang. Auf der Oberseite sind sie dunkelgrün, an der Unterseite seidig behaart. Sie fühlen sich ein wenig ledrig an.

Früchte: Anfangs sind die Früchte grün, in der Reife dann blauschwarz. Das sehr ölhaltige Fruchtfleisch umschließt den Stein, der seinerseits den Samen birgt. Die Früchte der Wildform sind kleiner und weniger fleischig.

DER ÖLBAUM ALS BONSAI

Standort: Der Ölbaum liebt die Sonne. Da er Temperaturen unter dem Gefrierpunkt nicht sehr gut verträgt, wird er in der Wohnung an einem sehr hellen Standort bei mindestens 5 °C überwintert.

Umtopfen: Man topft in der Regel alle zwei bis drei Jahre im Frühjahr um. Es ist empfehlenswert, für eine gute Drainage zu sorgen.

Substrat: Die optimale Mischung besteht aus 60 % tonhaltiger Erde, 20 % Torf oder Kompost und 20 % grobkörnigem Flußsand.

Schnitt: Die natürliche Form des Ölbaums legt die Gestaltung einer runden Krone nahe, was jedoch durch den sparrigen Wuchs mitunter sehr mühsam werden kann. Eventuell leichten Draht verwenden.

Wässern: In der warmen Jahreszeit reichlich gießen, jedoch zwischendurch immer wieder die Erde abtrocknen lassen.

Düngen: Zu empfehlen sind organische Langzeitdüngergaben von April bis Oktober, wobei im August mit dem Düngen ausgesetzt wird.

Ölbaum, Höhe 85 cm, Spaltholz-Technik (Sabamiki)

DIE KORKEICHE

Die Korkeiche ist ein typischer Bestandteil der mediterranen Vegetation. In nicht kultivierter Form kann sie bis zu fünfhundert Jahre alt werden. Häufig wird sie wegen ihrer Rinde, dem Kork, gezüchtet.

Die Korkeiche *(Quercus suber)* gehört der Gattung *Quercus* an, die etwa fünfhundert Arten umfaßt und ohne Zweifel eine der bekanntesten Pflanzengattungen überhaupt darstellt. Eine besondere Eigenart der Gattung ist ihre Neigung, die bereits abgestorbenen oder noch lebendigen Blätter bis spät in das Jahr hinein zu tragen, wenn andere Laubbäume ihr Laub schon längst abgeworfen haben. Einige Arten erwecken dadurch einen immergrünen Eindruck oder sind tatsächlich immer grün.

Zu ihnen zählt auch die Korkeiche, die einen typischen Bestandteil der mediterranen Vegetation bildet. Sie ist dabei vorwiegend im westlichen Mittelmeergebiet verbreitet, wo sie insbesondere ihrer Rinde wegen kultiviert wird. Der bis zu 16 m hohe Baum oder auch Strauch liebt saure, kieselhaltige und leicht feuchte Böden. Dank seiner starken Wurzeln, die ihm noch bei kräftigen Windstößen sicheren Halt verleihen, kann er auch in felsigen Gegenden wachsen.

Der Mensch pflanzt die Korkeiche vor allem wegen ihrer Rinde an. Bis zur ersten Ernte, für die der Stamm einen Umfang von 0,5 m erreicht haben muß, vergehen allerdings zwanzig bis fünfundzwanzig Jahre. Nach Ablauf dieser Zeit wird die harte, dicke und sehr rissige Rinde – auch als der männliche Kork bezeichnet – abgeschält, die wirtschaftlich nicht von Bedeutung ist. Als wolle der Stamm auf seine Verwundung aufmerksam machen, präsentiert er sich jetzt in auffälligem Rostrot. Im Laufe von etwa zehn Jahren aber bildet er eine neue, diesmal weiche Rinde mit feiner Struktur, den weiblichen Kork. Das Abschälen der Rinde kann nur alle zehn bis fünfzehn Jahre erfolgen, um die Pflanze nicht zu sehr zu schwächen.

Korkeiche (Quercus suber)

Forstwirtschaftlich genutzte Korkeichen haben eine viel kürzere Lebensdauer als jene Exemplare, die in freier Natur gedeihen. Diese werden bis zu fünfhundert Jahre alt.

Aus zwei Gründen wird der Kork in der warmen Jahreszeit geerntet, also von Frühjahr bis Sommer: Erstens enthält das Pflanzengewebe in dieser Zeit viel Wasser, und der Pflanzensaft zirkuliert besonders intensiv, wodurch sich die Rinde leichter ablöst. Und zweitens verträgt der völlig entrindete Baum keinerlei Kälte. Selbst mit Rinde verkraftet die Korkeiche nur schwer Minusgrade.

Die Vorzüge des Korks, der einerseits Wasser abstößt und somit nicht fault und andererseits extrem leicht ist, waren schon den alten Römern bekannt. Sie fertigten aus diesem Material Sandalen, Schwimmer für Fischernetze, wie sie noch heute in Gebrauch sind, und Verschlüsse für Kannen und Schläuche.

Kork wirkt auch stark wärmeisolierend und widersteht dem Feuer. Einst brannten die Bauern im Süden die im Winter abgetrockneten Wiesen, welche die Korkeichenpflanzungen umgaben, ab, was den Neuwuchs des Grases im folgenden Frühjahr fördern sollte. Die Korkeichen überstanden diese Maßnahme unbeschadet, da sie durch ihre dicke Rinde gut gegen das Feuer geschützt waren.

Stamm: Er ist gewunden und vielfach verzweigt. Die Rinde ist dick, tief zerfurcht und von gräulicher Farbe. Diese Rinde, der Kork, ist wirtschaftlich von besonderer Bedeutung. Doch wird auch das sehr harte Holz dieses Baumes genutzt. Man verarbeitet es zu Gegenständen, die starken Beanspruchungen standhalten müssen, und zu Holzkohle.
Blätter: Sie bleiben mindestens zwei bis drei Jahre am Baum, sind oval bis elliptisch, gezähnt und häufig am Rand mit Stacheln besetzt. Die Oberseite ist tiefgrün, die Unterseite hingegen graufilzig behaart.
Früchte: Die Eicheln sind zur Hälfte von einer schuppigen, graufilzigen Hülle, der sogenannten Kupula, umschlossen und weisen am Ende eine kleine Spitze auf. Ihre Reifezeit beträgt ein Jahr.

DIE KORKEICHE ALS BONSAI

Standort: Von Juli bis Oktober den Bonsai an einem sonnigen bis hellen Standort halten. Im Winter an einem hellen Platz im Haus frostfrei überwintern.
Umtopfen: In der Regel jedes zweite Jahr im Frühjahr umtopfen und dabei allmählich die Hauptwurzel entfernen, um auf diese Weise die Seitenwurzeln zu kräftigen. Für gute Drainage sorgen.
Substrat: Eine Mischung aus Gartenerde, Torf und grobem Flußsand zu gleichen Teilen ist zu empfehlen.
Schnitt: Kontinuierlich die Triebe, welche die angestrebte Form stören, stutzen. Vor allem in den ersten Jahren im Frühling die größeren Zweige beschneiden, um den Aufbau der Krone zu fördern.
Wässern: Es wird regelmäßig, aber mäßig gegossen. Während der kalten Jahreszeit die Erde niemals länger als höchstens zwei bis drei Tage austrocknen lassen.
Düngen: Sowohl in den Frühjahrsmonaten als auch im Herbst verabreicht man einen organischen Langzeitdünger.

Korkeiche, Höhe 58 cm, streng aufrechte Form (Chokkan)

DIE STEINEICHE

Früher war das Mittelmeergebiet von dichtem Forst überzogen. Damals bildete die Steineiche allein oft ganze Wälder. Auch heute noch ist sie weit verbreitet und wächst in Gesellschaft anderer Bäume.

Ein weiterer Vertreter der Eichen ist die Steineiche *(Quercus ilex)*. Dieser bis zu 20 m hohe, immergrüne Baum ist wie die Korkeiche eine typische Pflanze des Mittelmeergebietes. Als vor langer Zeit dieses Gebiet noch von dichtem Forst überzogen war, bildete die Steineiche allein oft ganze Wälder und prägte so das Erscheinungsbild der Region auf charakteristische Weise.

Obwohl die dichten Wälder heute in den meisten Gebieten des Mittelmeerraumes verschwunden sind, ist die Steineiche noch immer weit verbreitet. Häufig wächst sie in Gesellschaft von Stiel- und Korkeiche, Pinie, Steinlinde, Erdbeerbaum, Ulme, Kastanie und Blumenesche.

Man trifft sie vor allem im Süden Portugals, in weiten Teilen Spaniens, in Südfrankreich und Mittel- bis Süditalien an, dort aber vor allem in den Küstenregionen. Weniger häufig kommt sie auf dem Balkan und in Südgriechenland vor. Verglichen mit der Korkeiche ist die Steineiche frosthärter, und sie verträgt auch sommerliche Trockenheit, doch bevorzugt sie ein mildes Klima, liebt die Sonne und schätzt Gebiete mit hoher Luftfeuchtigkeit. Sie wächst selten in Höhen von über 1000 m.

Da die Steineiche bisweilen äußerst kälteempfindlich ist, wird sie in Deutschland lediglich als Kübel- oder Topfpflanze angeboten.

Schon den vorzeitlichen Höhlen- und Pfahlbautenbewohnern dienten die süßlich schmeckenden Eicheln der Steineiche frisch oder geröstet als Nahrung. Seit jeher werden die Früchte auch von Wildschweinen gefressen. Noch heute sind sie ein beliebtes Viehfutter, das vor allem Schweinefleisch ein besonderes, von Feinschmeckern hochgeschätztes Aroma verleiht.

Steineiche (Quercus ilex)

Zur Ausbreitung des Baumes tragen neben kleinen Nagetieren vor allem Eichelhäher bei. Diese herrlichen Vögel, kaum kleiner als Tauben und an ihrem nußbraunen Gefieder und den schwarzweißen Flügeln zu erkennen, lassen die Eicheln mitunter weitab von der Mutterpflanze fallen. Zum Keimen benötigen Eicheln Dunkelheit und möglichst eine Abdeckung aus Laub. Verglichen mit der Korkeiche ist die Steineiche weniger frostempfindlich und verträgt ebenso die sommerliche Trockenheit besser; allerdings bevorzugt sie ein relativ mildes Klima, liebt die Sonne und schätzt Gebiete mit hoher Luftfeuchtigkeit.

Es gibt eine Legende, die der Steineiche nicht gerade Ehre macht, wobei man Legenden bekanntlich nicht immer blind Glauben schenken darf. Als Christus gekreuzigt werden sollte, beschlossen alle Bäume übereinstimmend, ihr Holz für das Kreuz nicht herzugeben. Und so zerfielen sie, als sich die Schächer mit der Axt näherten, in tausend kleine Stückchen. Nur eine, nämlich die Steineiche, blieb ganz und wurde damit zur Verräterin. Doch ist dies nur eine Legende, die man sich zudem in verschiedenen Versionen erzählt, in denen auch mindestens zehn anderen Baumarten dieselbe Schuld angelastet wird.

Stamm: Die Pflanze wirkt mächtig und majestätisch. Die Rinde ist dunkelgrau, bisweilen auch aschgrau, und durch ein Netz von Rissen schuppig strukturiert. Sie enthält viel Tannin und wurde früher zum Gerben von Leder genutzt. Das Holz ist dunkelrot, hart und schwer. Es läßt sich nicht gut trocknen und bearbeiten und dient deshalb vor allem als Brennmaterial und zur Gewinnung von Holzkohle. In freier Natur kann die Steineiche eine Höhe von 25 – 30 m erreichen. Sie wird bis zu tausend Jahre alt.
Blätter: Sie sind immergrün und erneuern sich alle drei bis fünf Jahre. Auf der Oberseite zeigen sie ein dunkles, glänzendes Grün, auf der Unterseite hingegen eine gräuliche Färbung. Sie kommt durch einen filzigen Überzug zustande, der Wasserverluste verringert. Die jungen Blätter sind stachelspitzig gezähnt und größer als das ältere Laub, das eher schmal-lanzettförmig und ganzrandig ist.
Früchte: Ein schuppiger Fruchtbecher (Kupula) umschließt zur Hälfte die hellgrüne Eichel, die länglich oval und gut 2 cm lang ist.

DIE STEINEICHE ALS BONSAI

Standort: Von März bis November erhält der Bonsai einen sonnigen Standort. Überwintern sollte er an einem hellen Platz im Haus.
Umtopfen: Man topft alle zwei Jahre im Frühjahr um und legt eine gute Drainage an; die Wurzeln höchstens um ein Drittel reduzieren.
Substrat: Geeignet ist eine Mischung aus 50 % Gartenerde und 50 % Sand und Torf.
Schnitt: Der Bonsai verkraftet auch einen rigorosen Rückschnitt. In der Wachstumsperiode die Neutriebe entsprechend der angestrebten Kronenform auf zwei Blattpaare einkürzen.
Wässern: Die Steineiche liebt gut durchfeuchtete Erde, verübelt jedoch Staunässe.
Düngen: In den Frühjahrsmonaten und wieder ab Herbst mit organischem Langzeitdünger.

Steineiche, Höhe 70 cm, Besenform (Hokidachi)

DER JOHANNISBROTBAUM

Der Johannisbrotbaum fand schon drei Jahrhunderte vor unserer Zeitrechnung in antiken Schriften Erwähnung. Seine Früchte wurden unter anderem als Pferdefutter verwendet, dienten aber auch dem Menschen als Nahrung.

Der Johannisbrotbaum *(Ceratonia siliqua)* wird bis zu 10 m hoch und ist Europas größter Hülsenfrüchtebaum.

Sein botanischer Name läßt sich auf das griechische Wort *keras* zurückführen, was Horn bedeutet und auf die Gestalt der Früchte anspielt, welche an ein plattgedrücktes Horn erinnern. Die rötlichen, glänzenden, äußerst harten Samen haben ein recht gleichmäßiges Gewicht von etwa 0,18 g und wurden deshalb schon von den Griechen als Gewichtsmaß verwendet. In früherer Zeit haben sich auch Juweliere, Gewürzhändler und Apotheker an diesem Maß orientiert. Der arabische Name *karat,* abgeleitet aus dem griechischen Wort *keration,* was soviel wie Hülsen bedeutet, ist so auf die betreffende Gewichtseinheit übergegangen und noch heute in Gebrauch.

Der deutsche Name Johannisbrotbaum dagegen geht auf eine Textstelle in der Bibel zurück. Nach ihr soll sich Johannes der Täufer von diesen Früchten ernährt haben: „Johannes trug ein Gewand aus Kamelhaaren und einen ledernen Gürtel um seine Hüften, und er lebte von Heuschrecken und wildem Honig." (Markus I,16). Mit Honig ist hier vermutlich der eingedickte Fruchtsaft des Johannisbrotbaumes gemeint, der Kaftanhonig. Auch im Lukasevangelium finden die Früchte Erwähnung: „Er hätte gern seinen Hunger mit den Futterschoten gestillt, die die Schweine fraßen; aber niemand gab ihm davon." (Lukas XV,16). Tatsächlich erwähnte bereits Plinius die Früchte des Johannisbrotbaumes, die an die Schweine verfüttert wurden.

Ob der Johannisbrotbaum von Anbeginn an in Europa zu Hause war, ist nicht bekannt. Immerhin wurde er aber schon drei Jahrhunderte vor unserer Zeitrechnung in antiken Schriften erwähnt. Seine Früchte wurden unter anderem als Pferdefutter verwendet, dienten aber auch dem Menschen als Nahrung.

Da es eine Wild- und eine Kulturform gibt, kam die Theorie auf, daß der Baum schon von jeher in allen wärmeren Zonen des Mittelmeerraums angesiedelt war. Nur die Kulturform, die wegen ihrer fleischigen Früchte gezogen wurde, soll aus Kleinasien eingeführt worden sein. Dort ist der Baum dem heiligen Georg geweiht und genießt noch immer religiöse Verehrung.

Heute trifft man den Johannisbrotbaum im gesamten Mittelmeergebiet an. Er gedeiht am besten in den warmen Küstenregionen und steigt im Hügelland nur bis zu 600 m Höhe empor. Dort wächst er bevorzugt auf steinigem oder felsigem Grund, wo neben Myrte, Mastixstrauch und dem wilden Oleaster kaum andere Gewächse auf Dauer existieren können. Trotz solch widriger Umstände und trockenster Standorte erreicht *Ceratonia siliqua* häufig ein Alter von fünfhundert Jahren.

Bei uns ist diese Pflanze wegen ihrer Frostempfindlichkeit nur als Topfpflanze erhältlich. Doch wegen seiner weit zurückreichenden Geschichte verdient es der Baum, bei uns kultiviert zu werden.

Johannisbrotbaum (Ceratonia siliqua)

Stamm: Von dem gedrungenen, knorrigen Stamm gehen kräftige Zweige ab, die teils schon an der Basis ansetzen und eine üppige Krone bilden. Die Rinde ist rötlich-braun und stark zerklüftet. Das Holz ist außen weißlich-gelb und innen rot mit dunkler Äderung. Es ist hart und leicht zu bearbeiten. Früher fertigte man aus ihm Teile von Karren, Werkzeuge und verwendete es für Drechslerarbeiten.
Blätter: Sie sind immergrün, wechselständig und fühlen sich derb bis ledrig an. Jeweils drei bis fünf rundliche Blätter sitzen an einem Stiel. Auf der Oberseite sind sie dunkelgrün und glänzend, unterseits rötlich-grau.
Früchte: Die 10 – 20 cm langen Hülsen bergen ein süßliches Fruchtmark. Es enthält bis zu 40 % Zucker, 30 % Stärke und 10 % Eiweiß. Wenn man sie frisch verzehrt, wirken die sogenannten Karuben leicht abführend, getrocknet hingegen haben sie eine stopfende Wirkung. Die moderne Medizin nutzt sie gegen Darmkatarrh bei Säuglingen, da das getrocknete Fruchtfleisch als Antidiarrhoikum wirkt. In Nordafrika werden aus Karuben Süßspeisen zubereitet.

DER JOHANNISBROTBAUM ALS BONSAI

Standort: Von ungefähr April bis September stellt man den Bonsai so sonnig wie möglich, in der kalten Jahreszeit hingegen erhält er einen eher hellen Platz im Haus mit einer Mindesttemperatur von 5 °C.
Umtopfen: Alle zwei bis drei Jahre im Frühjahr. Allmählich die Hauptwurzel einkürzen, um die Bildung von Seitenwurzeln anzuregen.
Substrat: Der Bonsai verlangt karge, kalkhaltige Erde. Geeignet ist auch Gartenerde, gemischt mit grobem Sand. Auf keinen Fall darf das Substrat stark feuchtigkeitshaltend sein, so daß Staunässe entsteht.
Schnitt: Im Frühjahr die Neutriebe einkürzen. Der Johannisbrotbaum eignet sich wegen seiner natürlichen Wuchsform besonders zur Gestaltung bizarrer Bonsai-Formen.
Wässern: Mäßig gießen, dabei die Erde zwischendurch kurz trocken werden lassen.
Düngen: Im Frühjahr bis zum Einsetzen der Sommerhitze und dann wieder im Herbst einen organischen Langzeitdünger verabreichen.

Johannisbrotbaum, Höhe 36 cm, Floßform (Ikada)

DER EUKALYPTUS

Die ersten Eukalyptusarten gelangten zu Anfang des 19. Jahrhunderts nach Europa, und schon wenige Jahre später bildeten sie in Südfrankreich und Italien ausgedehnte Bestände. In Deutschland sind sie in letzter Zeit zu einer immer beliebteren Kübelpflanze geworden.

Kaum ein anderer Kontinent ist mit einer einzigen Pflanzengattung so eng verbunden wie Australien mit dem Eukalyptus. Die dort vorkommenden, etwa sechshundert verschiedenen Arten stellen ungefähr drei Viertel des gesamten Waldbestandes Australiens dar. Manche von ihnen haben ein sehr begrenztes Verbreitungsgebiet, andere Arten dagegen sind über das ganze Land verteilt anzutreffen. Ein typisches Merkmal der Eukalyptuslandschaft sind die knorrigen Stämme und die sich im Alter meist ablösende Rinde.

Auffällig an der Gattung ist der starke Unterschied zwischen jungen und alten Blättern. Die Jugendblätter sitzen gegenständig und haben oft eine ovale Gestalt. Die Altersblätter dagegen sind wechselständig angeordnet, meistens eher lang und sichelförmig.

Zwar handelt es sich bei den Eukalypten grundsätzlich um subtropische Pflanzenarten, doch werden trotzdem etwa zehn Arten auch in West- und Südeuropa angebaut.

Die ersten Eukalyptusarten gelangten zu Anfang des 19. Jahrhunderts nach Europa, und schon wenige Jahrzehnte später bildeten sie in Südfrankreich und Italien ausgedehnte Bestände. Heute sind sie über das gesamte Mittelmeergebiet verbreitet. In Deutschland ist die Kultur im Freien nicht möglich, da die Eukalypten bei Frost leicht Schaden nehmen. In der letzten Zeit avancierten sie aber immer mehr zu beliebten Kübelpflanzen.

Blaugummibaum (Eucalyptus globulus)

Die in Europa bekannteste Art ist *Eucalyptus globulus,* der Blaugummibaum. In seiner Heimat wächst er bis zu einer Höhe von 60 m heran. Er zeigt die typischen Merkmale eines Eukalyptus: Seine Jugendblätter sind eirund, seine Altersblätter lanzettförmig, und die Rinde löst sich in langen Streifen ab.

Die verschiedenen Eukalyptusarten sind in Hinblick auf die Bodenqualität völlig anspruchslos und kommen eigentlich überall mit den Umweltbedingungen zurecht. Somit besitzen sie wertvolle Qualitäten und haben die Erwartungen, die bei ihrer Einführung an sie gestellt wurden, nicht enttäuscht. Sie können in einem Jahr 5 m wachsen.

Damit halten sie unter den Bäumen vermutlich den absoluten Rekord. Sie wurden als Windschutz, als Schattenspender bei neu angelegten Wohnsiedlungen und Feriendörfern und zur Bewaldung von Küstengebieten, Sanddünen sowie jenen Gebieten eingesetzt, in denen kein einheimischer Baumbestand mehr vorhanden war. Ihr Holz ist sehr hart und fäulnisresistent und wird außerdem zu einem hochwertigen Zellulosebrei für die Papierherstellung verarbeitet.

Nur in einem Punkt haben sich die ersten Importeure dieser Bäume leider geirrt: Sie waren fest davon überzeugt, in ihnen ein wirksames Mittel gegen Malaria gefunden zu haben. Der Duft ihrer Blätter, so hofften sie, würde in Sumpfgebieten, die trockengelegt werden sollten, die Mücken vertreiben. Dieser Effekt trat aber nicht ein.

Stamm: Er wächst aufrecht und teilt sich häufig gleich oberhalb der Basis. Die glatte Rinde löst sich in langen Streifen ab, wodurch sich unterschiedlich gefärbte Stammpartien in weißlichen, rötlich-braunen und silbrigen Tönen ergeben. Das Holz wird meistens zu Furnierholz, Stützpfählen und Eisenbahnschwellen sowie auch häufig zu Papier verarbeitet.
Blätter: Die jungen Blätter sind oval, paarförmig einander gegenübergestellt, beinahe ungestielt und von weißlicher Farbe. Die Altersblätter sind lang und schmal, sichelförmig gebogen und sitzen an einem Stiel, mit dem sie sich drehen können, so daß sie stets senkrecht zum einfallenden Sonnenlicht stehen. Damit kann die Pflanze die Verdunstung auf ein Minimum reduzieren. Das immergrüne Laub enthält das ätherische Eukalyptusöl, das in destillierter Form bei Erkrankungen der Atemwege eingesetzt wird. Die Blüten sehen aus wie hölzerne Glöckchen. Sie sind mit einem Deckel verschlossen, der vor dem Aufblühen abfällt und ein Büschel gelblicher, weißer oder roter Staubfäden freigibt. Die Früchte ähneln den Blüten, sind jedoch größer.

DER EUKALYPTUS ALS BONSAI

Standort: Von Ende April bis Anfang Oktober erhält der Eukalyptus-Bonsai einen vollsonnigen, luftigen Standort. Den Winter über an einen hellen Platz im Haus stellen.
Umtopfen: Man topft in der Regel alle ein bis zwei Jahre am besten im Herbst um. Für eine gute Drainage sorgen.
Substrat: Der Eukalyptus stellt im großen und ganzen keine speziellen Ansprüche. Optimal ist eine Mischung aus jeweils einem Drittel Flußsand, Ton und Gartenerde.
Schnitt: Da der Eukalyptus von Natur aus nur zu einer geringen Verzweigung neigt, sollten schon Jungpflanzen frühzeitig und regelmäßig an den neuen Trieben beschnitten werden.
Wässern: Man gießt regelmäßig, läßt die Erde jedoch zwischendurch abtrocknen.
Düngen: Von Mai bis Juli erhält die Pflanze am besten einen organischen Langzeitdünger. Im September und Oktober werden die Düngergaben fortgesetzt, während der Wintermonate können sie entfallen.

Eukalyptus, Höhe 57 cm, Gruppenpflanzung (Yose-Ue)

DIE FICHTE

Eine große Rolle spielt die Fichte bei uns Weihnachten, wenn sie in vielen Familien als Weihnachstsbaum geschmückt wird. Diese Sitte ist in Deutschland seit ungefähr dreihundert Jahren bekannt, hat sich aber erst im vorigen Jahrhundert allgemein verbreitet.

Die Gemeine Fichte, botanisch *Picea abies,* ist die einzige Fichtenart, die in Mitteleuropa wild vorkommt. Es gibt jedoch insgesamt fünfzig Arten, zwanzig davon gedeihen in den Gebirgen Mittel- und Westchinas. Die Gemeine Fichte ist im Nadelwaldgürtel Nordeuropas und in Bergländern und Hochebenen des östlichen Mittel- und Südeuropas verbreitet.

Ursprünglich kommt sie nur in den Gebirgen vor, ist aber durch forstwirtschaftliche Kultur überall anzutreffen. Neben der Kiefer ist sie der am meisten verbreitete mitteleuropäische Nadelbaum. Größere reine Fichtenbestände trifft man im Harz an, im Iser- und im Riesengebirge. Es gibt sie auch im Bayerischen Wald und in den Bayerischen Alpen. Die Höhengrenze der Fichte liegt im Harz bei 1000 m, in den Alpen bei etwa 2000 m.

Der deutsche Name Fichte findet seinen Ursprung im althochdeutschen *fiotha* und im mittelhochdeutschen *viehte*, was rot bedeutet und sich auf die rötlich gefärbte Rinde bezieht. Der Name Rottanne für die Fichte, der bereits im 16. Jahrhundert auftauchte, ist etwas irreführend, da er leicht zu Verwechslungen mit der Weißtanne *(Abies alba)* führt. Vor allem im Niederdeutschen wird der Name der Tanne aber häufig als Gemeinschaftsname für *Picea abies* und *Abies alba* benutzt. Korrekt ist also die Bezeichnung Fichte, da eine klare Abgrenzung zwischen den beiden Arten besteht, auch wenn sie der gleichen Familie angehören.

Fichte (Picea abies)

Der botanische Gattungsname *Picea* leitet sich von dem lateinischen Wort *pix* ab, das Pech bedeutet.

Die Fichte ist ein schlanker Baum von 30 bis 50 m Höhe, mit geradem und säulenförmigem Stamm, der bis zu 2 m im Durchmesser erreicht. Die Krone ist spitz und pyramidenförmig. Die Äste stehen entweder waagerecht ab oder sind abwärts gebogen.

Sie stellt an den Boden nur geringe Ansprüche und läßt sich auch nach einem Kahlschlag anpflanzen. Die Fichte ist sehr raschwüchsig, ihr Holz weich und leicht zu bearbeiten. Es findet als Bauholz, Gruben- und Kistenholz und zur Herstellung von Telegrafenstangen und Resonanzböden im Klavier- und Orgelbau Verwendung. Auch Holzkohle wird aus ihrem Holz hergestellt, und die Rinde benutzt man zum Ledergerben. Das Harz der Fichte stellt einen wertvollen Rohstoff dar für die chemische, die Papier- und die Elektroindustrie, wird zur Herstellung von Lacken und Farben gebraucht sowie in der Kunstgummi- und in der pharmazeutischen Industrie.

Schließlich muß noch die Fichte als Weihnachtsbaum erwähnt werden. Diese Sitte ist in Deutschland seit etwa dreihundert Jahren bekannt, hat sich aber erst im vorigen Jahrhundert allgemein verbreitet.

Früher einmal soll sie als ein Mittel gegen die Gicht gegolten haben, was wohl zum Teil einen äußerlichen Grund hat wegen des Gleichklanges von Fichte und Gicht und deshalb bisher auch nicht die erhofften Heilerfolge erbrachte.

Stamm: Er ist schlank aufrecht und zur Spitze hin gleichmäßig verjüngt. Auch bei den älteren Exemplaren übersteigt der Durchmesser niemals 2 m. Die Rinde ist bei der Rotfichte rötlichbraun und im Alter sehr rissig. Das Holz ist hell, weich, leicht und gut zu verarbeiten. Aus ihm stellt man Möbel, Fässer, Streichhölzer und Zellulosebrei für die Papierindustrie her. Wegen des kerzengeraden Wuchses sind die Fichtenstämme für Schiffsmasten begehrt. Das Holz der Rotfichte ist sehr harzreich und aromatisch.

Nadeln: Bei der Rotfichte sind die Nadeln 1 – 3 cm lang, steif und spitz, im Querschnitt vierkantig und dunkelgrün. Sie sitzen in spiralförmiger Anordnung an den Zweigen an. Die Art ist immergrün.

Früchte: Die Rotfichte trägt spindelförmig zugespitzte, hängende Zapfen, die 15 – 20 cm lang werden können. Sie fallen als Ganzes ab. Die geflügelten Samen werden durch den Wind verbreitet.

DIE FICHTE ALS BONSAI

Standort: Die Pflanze schätzt einen sonnigen bis hellen Standort, doch wird auch Halbdunkel vertragen. Im Winter das Pflanzgefäß und die Wurzeln mit Stroh abdecken.

Umtopfen: Man topft in der Regel alle zwei bis fünf Jahre im Frühjahr um, ältere Exemplare allerdings immer seltener. Fichten reagieren relativ empfindlich auf einen zu starken Wurzelschnitt, da sie oft nur verhältnismäßig wenige feine Wurzeln besitzen.

Substrat: Es besteht aus Gartenerde, grobkörnigem Flußsand und Kompost zu gleichen Teilen. Eine gute Drainage anlegen.

Schnitt: Einmal jährlich im Frühjahr die überlangen Zweige und Neutriebe beschneiden, dabei nur einige Nadelbüschel stehenlassen.

Wässern: In der warmen Jahreszeit wird reichlich gegossen. Auch im Winter sollte man die Erde leicht feucht halten. Im Frühjahr und Sommer die Krone besprühen.

Fichte, Höhe 78 cm, Literatenform (Bunjingi)

DIE LÄRCHE

Die Lärche zeigt sich, wenn sie von den letzten herbstlichen Sonnenstrahlen beschienen wird, in leuchtendem Gelb. Sie bietet ein so bezauberndes Bild, daß man denken könnte, sie wolle uns vor dem langen Winter noch einmal eine besondere Freude machen. Sie ist das einzige europäische Nadelgehölz, das mit Einsetzen der ersten Fröste kahl wird.

Betrachtet man im Sommer in den Alpen in 1600 bis 1800 m Höhe einen Nadelwald aus der Ferne, meint man, eine Gesellschaft von Bäumen der gleichen Art vor sich zu haben. Kehrt man dann im Herbst zu diesem Wald zurück, der noch wenige Monate zuvor über und über grün war, kann man sich auf einen herrlichen Anblick gefaßt machen. Denn nun zeigt sich die Lärche, *Larix decidua,* wenn sie von den letzten Sonnenstrahlen beschienen wird, in leuchtendem Gelb. Sie bietet ein bezauberndes Bild.

Die Lärche ist das einzige europäische Nadelgehölz, das mit Einsetzen des ersten Frosts kahl wird. Gerade dies macht den Baum so interessant. Sein Erscheinungsbild steht stets im Einklang mit der jeweiligen Jahreszeit, und dabei verliert er niemals seine elegante Ausstrahlung. Dies gilt selbst noch im Winter, wenn die unbenadelten, dunklen Zweige, die fast waagerecht abstehen und in aufwärts gerichteten Spitzen enden, zu den zarten, gelben Neutrieben und den kleinen Zapfen einen reizvollen Kontrast bilden. Nach dem langen, kalten Gebirgswinter – in Europa trifft man die Lärche wildwachsend nur in den Alpen und den westlichen Karpaten an – öffnen sich von April bis Mai die Knospen, die aus zwanzig bis dreißig büschelförmig angeordneten, weichen Nadeln von hellem Grün bestehen. Im Juni übersäen die weiblichen Blüten die Lärche mit zahllosen rotvioletten Tupfen. Nach der Befruchtung verwandeln sie sich in kleine, hellbraune Zapfen, die oft Jahre am Baum bleiben. Im Sommer nimmt die Lärche ein kräftigeres Grün an, das jedoch etwas heller ist als das der übrigen Koniferen. Die Krone bleibt locker, fast durchscheinend, wodurch der Baum sich ideal als Weidenbepflanzung eignet. An den heißen Sommertagen spendet er Schatten, der jedoch so licht ist, daß dort noch Gras sprießt. Schließlich folgt der Herbst, in dem der Baum uns wieder einen bezaubernden Anblick schenkt.

Die Lärche kommt in Höhen von 1000 bis 2500 m vor. Jenseits der Waldgrenze wächst sie in Gesellschaft von Hochgebirgssträuchern wie Heidelbeere, Rhododendron und Heidekrautgewächsen sowie der Zirbelkiefer. Ihre maximale Höhe liegt bei 50 m, der Durchschnitt 20 – 30 m. Sie kann Jahrhunderte überdauern, so wie jene berühmte Lärche in Nandens in Tirol, die vom Volke schon im 19. Jahrhundert verehrt wurde und etwa sechshundert Jahre alt ist.

Daß die Lärche so groß und so alt werden kann, liegt wohl daran, daß sie besonders lichthungrig ist. Vor allem Einzelexemplare, die ihren Standort mit keiner anderen Pflanze teilen müssen, erreichen imponierende Ausmaße. Daher findet man oberhalb der Waldgrenze, wo Gräser und Sträucher die Hauptvegetation ausmachen, alte Riesen, die sich mit ihren Wurzeln an die Felsen klammern oder vielleicht auch gebeugt sind durch das Gewicht des Schnees.

Lärche (Larix decidua)

Stamm: Wenn die Lärche im Schutz anderer Bäume wächst, ist der Stamm aufrecht. Unter dem Einfluß äußerer Faktoren wie Wind und Schnee kann er sich teilen oder biegen. Bei jungen Bäumen ist die Rinde glatt und grau bis okkerbraun, später aber wird sie dicker und braun und entwickelt zahlreiche rötliche Risse. Das sehr harzreiche, harte Holz wird im Schiffsbau verwendet sowie für Fußböden, Türen, Fenster und Fässer. Weinfässer aus Lärchenholz gehören wegen des Harzes zu den luftdichtesten überhaupt. Das hochwertigste Holz liefern Lärchen aus höheren Lagen, die besonders langsam gewachsen sind.

Nadeln: Die Lärche ist die einzige europäische Konifere, welche im Winter die Nadeln abwirft. Im späten Frühjahr sprießen aus den Knospen die jungen, hellgrünen, zarten und dünnen Nadeln in dichten Büscheln. Das von den Nadeln in heißen Sommern an Insekteneinstichstellen ausgeschiedene Kohlenhydrat Melezitose, das sogenannte Lärchenmanna, verwendet die Medizin als abführendes Mittel.

DIE LÄRCHE ALS BONSAI

Standort: Verlangt wird ein vollsonniger, luftiger Standort mit hoher Luftfeuchtigkeit. Unter Bedingungen, die von denen der angestammten Umgebung stark abweichen, werden die Nadeln unnatürlich lang. Junge Lärchen-Bonsais benötigen Winterschutz.

Umtopfen: Man sollte den Bonsai alle zwei bis drei Jahre umtopfen. Dabei den meist sehr stark entwickelten Wurzelballen um etwa ein Drittel einkürzen.

Substrat: Es wird aus 50 % Gartenerde, 20 % Torf und 30 % grobem Flußsand gemischt.

Schnitt: Die Neutriebe während der Wachstumsperiode abzupfen. Ein Formschnitt der dikkeren Zweige wird am besten Ende Februar durchgeführt, wenn die Pflanze noch unbenadelt ist. Das gleiche gilt für das Drahten.

Wässern: Von März bis Oktober gießt man täglich und reichlich. Auch im Winter hält man die Erde stets leicht feucht.

Düngen: Von Frühjahr bis Herbst alle zwanzig Tage einen organischen Dünger mit Langzeitwirkung verabreichen. In der warmen Jahreszeit sowie im Winter wird nicht gedüngt.

Lärche, Höhe 54 cm, geneigte Form (Shakan)

DIE ZIRBELKIEFER

Die Zirbelkiefern prägen charakteristisch manche Hochebene in den Alpen. Mit ihren kräftigen Wurzeln klammern sie sich an die Felsen und zeigen mit Stolz die Wunden, die Schnee, Wind und Blitzschlag auf ihnen hinterlassen haben.

Die Zirbelkiefer oder Arve *(Pinus cembra)* zählt zu den charakteristischen Nadelgehölzen der Alpen, wo sie vorwiegend in Höhen von bis zu 2300 m wächst. Man findet sie vor allem in reinen Zirbelkieferbeständen oder auch gemischt mit der Lärche im obersten Waldgürtel der alpinen Trockentäler. In Deutschland kommt sie deshalb hauptsächlich in den bayerischen Alpen vor. Weiterhin findet die Art ihre größte Verbreitung in den Karpaten und weiten Teilen Sibiriens. In Italien wächst die Zirbelkiefer im gesamten Alpengebiet, wobei sich allerdings 75 Prozent ihres dortigen Bestandes auf den südtiroler Raum konzentrieren. Dies mag einer der Gründe für ihre durchaus wichtige Rolle in dieser Region sein.

Die Herkunft des deutschen Namens ist unsicher, geht jedoch vermutlich auf das mittelhochdeutsche Wort *zirben* zurück, was ungefähr soviel bedeutet wie „sich im Kreis drehen" und eine indirekte Anspielung auf die Wuchsweise des Baumes sein könnte.

Das Holz der Zirbelkiefer ist sehr weich, leicht spaltbar, steht den anderen Nadelgehölzen zwar an Festigkeit und Elastizität nach, dafür ist es aber ungewöhnlich haltbar. Da es sehr gut zu bearbeiten ist, wurde es schon vor langer Zeit für Schnitzereien, Wandvertäfelungen und in der Kunstschreinerei verwendet. Es ist auch das am häufigsten benutzte Material der Bildhauer aus dem Grödner Tal, deren Kunstwerke weltberühmt geworden sind. Als Tafelholz wurde es in jenen charakteristischen Stuben verwendet, in denen die Gebirgsbewohner lebten und das ersehnte Ende der langen Winter erwarteten.

Einen der Orte, an dem besonders schöne Zirbelkiefern stehen, schildert Karl Felix Wolff in seinen „Dolomitensagen". Er erzählt vom Reich der Fanes, einem uralten Volk, das auf einer Hochebene oder vielmehr in einer Bergsenke oberhalb von Marebbe lebte. Dieser Ort, der noch heute Fanes heißt, ist wirklich zauberhaft. Er ist von kleinen Seen übersät, gurgelnd fließen Bergbäche über tausend kleine Wasserfälle ins Tal. Im Sommer ist die Kulisse von einem Smaragdgrün, aus dem das Weiß der Felsen, die hier und da aufragen, besonders hervorleuchtet. Auf den Felsen, die quasi ein steinernes Amphitheater in 2300 m Höhe bilden, wachsen die Zirbelkiefern. Mit ihren kräftigen Seitenwurzeln klammern sie sich an die Felsen und zeigen mit Stolz die Wunden, die Schnee, Wind und Blitzschlag auf ihrer Rinde hinterlassen haben.

Man schätzt das Alter dieser Bäume auf mehr als dreihundert Jahre. Ihre kräftige, schwere, weniger als 20 m hohe Gestalt scheint den widerborstigen Charakter dieser im Kampf ums Überleben zu allem entschlossenen Pflanzen unterstreichen zu wollen. Nur die eine oder andere Lärche gesellt sich dort oben hinzu, wo die Winter lang und eisig sind und die Temperaturen häufig bis auf sage und schreibe -30 °C sinken.

Zirbelkiefer (Pinus cembra)

Stamm: Er ist mitunter gerade, bisweilen in mehrere Stämme geteilt und bei den Exemplaren, die sich an Felsen klammern, häufig an der Basis gekrümmt. Die Rinde ist grau und von tiefen Rissen durchzogen. Mitunter gehen die nach oben gebogenen Zweige vom Stammgrund ab. Das Holz gehört zu den begehrtesten unter allen Nadelhölzern, da es nicht von Holzwürmern befallen wird. Im äußeren Stammbereich, dem Splint, ist es hell, das Kernholz hingegen ist hellbraun. Die großen, dunklen Knoten bleiben auch bei der Bearbeitung erhalten, so daß das Holz noch jahrelang seinen balsamischen Duft verströmt. Aus der Rinde und den Herbsttrieben gewinnt man ein Harz, das die Pharmazie als Karpatenbalsam verwendet.

Nadeln: Sie sind bläulich-grün, 5 – 10 cm lang, aufrecht, steif und im Schnitt dreieckig. Neben der Mazedonischen Kiefer *(Pinus peuce)* ist die Zirbelkiefer die einzige in Europa heimische Art, bei der jeweils fünf Nadeln in einzelnen Büscheln stehen.

Früchte: Die Zapfen reifen alle zwei Jahre. Wenn sie zu Boden fallen, brechen sie auf und geben die hartschaligen, mattbraunen, eßbaren Zirbelnüsse frei.

DIE ZIRBELKIEFER ALS BONSAI

Standort: Er sollte sonnig und luftig sein. Kälte macht der Zirbelkiefer nichts aus.

Umtopfen: Es erfolgt alle drei bis vier Jahre im Frühjahr, bei älteren Exemplaren auch mit größeren Abständen. Man entfernt nicht die gesamte Erde von den Wurzeln, um die weißen Gespinstfäden der Pilze nicht zu schädigen, die mit der Pflanze symbiotisch zusammenleben und für ihr Gedeihen äußerst wichtig sind.

Substrat: Es sollte leicht sauer und frisch sein, bevorzugt wird eine Mischung aus Gartenerde, Torf und grobem Flußsand zu gleichen Teilen.

Schnitt: Im Frühjahr den jungen Austrieb durch Pinzieren um ungefähr ein Drittel einkürzen. Dies regt den Austrieb neuer, kleinerer Nadeln an. Im Winter während der ersten Jahre die Zweige beschneiden, um die Krone in Form zu bringen.

Wässern: Regelmäßig gießen und die Erde stets feucht halten.

Düngen: Von Frühjahr bis Herbst empfiehlt es sich, am besten einen organischen Langzeitdünger zu verabreichen. Auf diese Weise erzielt man die besten Ergebnisse.

Zirbelkiefer, Höhe 85 cm, streng aufrechte Form (Chokkan)

DIE KIEFER

Die Kiefern lieben das Licht und wachsen deshalb in großem Abstand zueinander. Ihre bläulich-grünen Nadeln und die fast orangefarbene Rinde erzeugen Lichteffekte, die die Abenddämmerung hinauszuzögern scheinen.

Betritt man einen Kiefernwald, merkt man sofort, daß das Licht anders ist als in anderen Wäldern. Da die Gemeinen Kiefern *(Pinus silvestris)* – oder Föhren, wie sie auch genannt werden – das Licht lieben, wachsen sie in großem Abstand zueinander und bilden ihre Kronen erst im oberen Stammabschnitt aus.

Der Stamm ist kerzengerade und über beinahe drei Viertel seiner Länge völlig kahl, wodurch der Baum noch höher und schlanker erscheint. Man könnte den Eindruck gewinnen, daß die Kiefer alles daransetzt, über die anderen Pflanzen hinauszuwachsen. Häufig erreicht sie dabei die beeindruckende Höhe von 50 m.

In Europa sind zahlreiche Kiefernarten heimisch. Sie alle besitzen gemeinsame Grundmerkmale. Ihre Genügsamkeit deutet darauf hin, daß es sich bei dieser Pflanze um eine archaische Art handelt und sie sicherlich eine der ersten war, die nach den weiträumigen Vergletscherungen wieder auf der nördlichen Halbkugel gedeihen konnte. Manchmal sieht man Kiefern, die sich an Felsen klammern oder auf Schutthalden und Kieshängen wachsen und offenbar ohne besondere Nährstoffe auskommen. Mit ihren harten, zugespitzten Nadeln und den Zapfen, die anmuten wie hölzerne Skulpturen, erinnern sie an alte Krieger.

Anscheinend bleiben die Kiefern vom Wechsel der Jahreszeiten nahezu unberührt. Da sie ihre Nadeln nur alle drei Jahre und dann gestaffelt erneuern, sind sie gleichbleibend grün. Wenn der erste Frost die Laubwälder rot und gelb verfärbt, kann er den Kiefern nichts anhaben. Mit derselben Unerschütterlichkeit scheinen sie später das Frühlingserwachen zu belächeln.

Gemeine Kiefer (Pinus silvestris)

Wenn sie gekappt werden, treiben die Kiefern nicht mehr aus, sondern sterben ab. Vielleicht liegt hierin der Grund, weshalb sie auf manchen Wappen den Tod versinnbildlichen. Ebensogut aber könnten sie mit ihrer enormen Fähigkeit, Standorte und Gegenden zu erobern, in denen keine andere Art bestehen könnte, das Leben symbolisieren.

Wenn die Gemeine Kiefer als Solitär wächst, bildet sie eine weite, unregelmäßige Krone, und die Zweige bedecken einen Großteil des Stammes. Obwohl sie sehr alt werden kann, bleibt ihr Stamm stets zylindrisch und aufrecht ohne die kleinste Deformation. In Deutschland begegnet man ihr in fast allen Teilen. Sie ist vom Flachland bis in Höhen von 1000 m anzutreffen. Der Baum verträgt zwar starke Temperaturschwankungen, nicht aber stauende Nässe und viel Regen. Da die Gemeine Kiefer tief wurzelt und zudem auch dicke Seitenwurzeln bildet, können selbst starke Windböen sie nicht erschüttern.

Die Qualität ihres Holzes ist je nach Standort unterschiedlich. Die Lappland-Kiefer *(Pinus silvestris var. lapponia)* liefert ein Holz, das wegen seiner Farbe und Haltbarkeit besonders begehrt ist. Aus dem Harz der Gemeinen Kiefer gewinnt man Terpentin und Pech, das zum Abdichten von Schiffskörpern dient. In Griechenland wird noch heute ein ausgezeichneter geharzter Wein produziert.

Stamm: Der Stamm wächst hoch und aufrecht. An der Basis ist die Rinde grau, im mittleren Bereich ziegelbraun, und zur Spitze hin ist sie fast orangefarben. Oft blättert sie dünn ab. Das Holz ist hell und nur im Kernbereich rötlich. Man verwendet es für Tischlerarbeiten, Schiffsbäume, Strom- und Telefonmasten, Eisenbahnschwellen und Möbel; auf dem Bau dient es zum Verschalen und Einfassen.
Nadeln: Sie sind blaugrün, 4 – 7 cm lang, stehen paarweise und oft gedreht an den Trieben und bleiben mehrere Jahre lang am Baum. Man verwendet sie als Füllung für Rheumamatratzen, nachdem sie durch Kochen im Wasser zerfasert wurden. Aus den im Herbst gesammelten Knospen gewinnt man eine Substanz, die bei Atemwegsinfektionen eine wohltuende Wirkung entfaltet.
Früchte: An einer Pflanze erscheinen getrennt die männlichen, gelben und die weiblichen, roten Blüten. Die Bestäubung erfolgt durch den Wind. Die nach unten weisenden Zapfen enthalten die Samen, die in drei Jahren heranreifen. Sie werden durch Nagetiere verbreitet, die auf der Suche nach Futter die Zapfen öffnen und die Samen verstreuen.

DIE KIEFER ALS BONSAI

Standort: Der Bonsai verlangt einen vollsonnigen Standort. Jüngere Pflanzen verbringen den Winter an einem hellen Platz im Haus. Ältere Pflanzen im Freien überwintern.
Umtopfen: Alle zwei bis fünf Jahre, bevorzugt im Frühjahr vor dem Austrieb.
Substrat: Ideal ist eine Mischung aus 50 % Gartenerde sowie 50 % grobem Flußsand und Torf zu gleichen Teilen.
Schnitt: Im Frühjahr, wenn sich die Knospen zu strecken beginnen, den jungen Austrieb um ein Drittel oder sogar die Hälfte abzupfen. Im Winter alte Nadeln entfernen und zu dichtes Zweigwerk ausdünnen, damit die Pflanze ausreichend Licht erhält.
Wässern: In der Vegetationsperiode mäßig gießen, zwischen den Wassergaben das Erdreich oberflächlich abtrocknen lassen. Im Winter erheblich sparsamer wässern.
Düngen: Der Bonsai erhält das ganze Jahr über einen organischen Langzeitdünger, außer in der Zeit von Dezember bis Februar.

Kiefer, Höhe 65 cm, geneigte Form (Shakan)

DIE PINIE

Pinienkerne wurden schon in alten Zeiten von den arabischen Völkern dazu benutzt, eine aphrodisische Wirkung zu erzielen. Auch heute noch werden sie in der Naturheilkunde verwendet.

Die Pinie *(Pinus pinea)* gehört zur Gattung der Kiefern. Sie ist ausschließlich im Mittelmeergebiet, und zwar von Kleinasien bis hin zu den Kanarischen Inseln, verbreitet.

Der bis zu 20 m hohe Baum mit seinem graubraunen, rotgesprenkelten Stamm und seiner typischen breit ausladenden, schirmförmigen Krone gehört zu dem charakteristischen Gesamtbild der Küstenstreifen rings um das Mittelmeer. Mit seiner Schönheit inspirierte er Schriftsteller und Dichter bereits in der Antike. Vergil schwärmte von ihm, und Dante beschrieb den Pinienwald von Ravenna als „göttlichen Wald, dicht und lebendig“.

Über die ursprüngliche Heimat der Pinie können nur Spekulationen aufgestellt werden. Da sie besonders wegen ihrer eßbaren Samen bereits in der Römerzeit kultiviert wurde und in der immergrünen Hartlaubwaldzone nicht selten reine Bestände bildet, ist ihr natürliches Verbreitungsgebiet heute nicht mehr genau festzustellen.

Da die Pinie nicht ausreichend winterhart ist, kann sie nördlich der Alpen nicht ganzjährig im Freien überleben. Dieser elegante Baum mit seinem charmant südlichen Flair findet aus diesem Grunde in unseren Breiten meistens nur als Topf- oder Kübelpflanze Verwendung. Besonders als Bonsai ist die Pinie aber wegen ihrer ausnehmend schönen Form zur Gestaltung besonders zu empfehlen.

Die Samen reifen in der Regel erst im Frühjahr des vierten Jahres aus. Sie sind groß, dick- und hartschalig und werden bisweilen bis zu 2 cm lang. Man nutzt vor allem die zimtbraunen, eßbaren, bisweilen stark mandelartig schmeckenden Kerne der Samen, die auch als Piniennüsse bezeichnet werden.

Diese Samen wurden zur Zeit des Plinius in Honig aufbewahrt, und man fand sie sogar unter den Haushaltsvorräten in den verschütteten Ruinen der Stadt Pompeji. Ihr Vorkommen in Abfallhaufen römischer Heerlager läßt vermuten, daß sie auch schon zur Verpflegung der römischen Legionäre dienten. Noch heute finden die Samen bei der Herstellung so mancher Süßigkeiten besonders in Italien Verwendung. Ebenso verfeinern sie den Geschmack verschiedener typisch italienischer Gerichte, verleihen einigen Käsesorten einen besonderen Geschmack und können sowohl roh als auch geröstet gegessen werden.

Die bei weitem meisten Piniensamen erntet man in Spanien sowie in Italien. Obwohl die Pinie in Italien sehr weit verbreitet ist, wird sie nur in einigen wenigen Gegenden Mittelitaliens wirtschaftlich genutzt. Die Ernte der Piniensamen erstreckt sich in der Regel von Oktober bis zum März. Dabei werden die Zapfen mittels einer langen Stange, an deren Ende sich ein Eisenhaken befindet, gesammelt. Bei den arabischen Völkern stand sie in hohem Ansehen, weil man den Pinienkernen eine aphrodisische Wirkung zuschrieb. Auch die moderne Medizin setzt auf ihre Heilkräfte, denn in der Naturheilkunde werden sie zur Behandlung von Lungenerkrankungen eingesetzt.

Pinie (Pinus pinea)

Stamm: Der aufrechte, schlanke Stamm verzweigt sich erst im oberen Bereich. Die Zweige sind strahlenförmig abgespreizt, wodurch die typische, breite und schirmförmige Krone entsteht. Die braunrote, dunkel gefurchte Rinde weist große, gräulich-braune Schuppenplatten auf. Das Holz ist weich, harzreich und beständig gegen Feuchtigkeit. Daher wird es im Schiffsbau und im Bauwesen für Pfahlwerk verwendet. Die Papierindustrie stellt aus dem Pinienholz Zellulose her.

Nadeln: Die 8 – 15 cm langen dunkelgrünen Nadeln sitzen jeweils paarweise an den Trieben.
Früchte: Erst ab dem fünfunddreißigsten bis vierzigsten Lebensjahr bildet die Pinie regelmäßig vollständige Zapfen aus. Sie sind verholzt, oval, 10 – 15 cm lang und 8 – 10 cm breit. Ihre Reife erlangen sie im Frühjahr des vierten Jahres nach der Befruchtung, und erst dann geben sie die dunkelbraunen, eßbaren Pinienkerne frei.

DIE PINIE ALS BONSAI

Standort: Von April bis September stellt man die Pflanze an einen sonnigen Platz im Freien. Da sie keinen Frost verträgt, wird sie bei mindestens 8 °C im Haus überwintert.
Umtopfen: Alle zwei bis drei Jahre im Frühjahr umtopfen. Ein Wurzelrückschnitt sollte sich möglichst in Grenzen halten, da sich die Pflanze nur langsam davon erholt.
Substrat: Es sollte frisch, aber gut durchlässig sein. Die optimale Mischung enthält 40 % Flußsand, 30 % Torf und 30 % Gartenerde.

Schnitt: Um eine naturnahe Form zu erhalten, den Stamm über zwei Drittel seiner Länge von allen Zweigen befreien. Von Juni bis September immer wieder die Neutriebe pinzieren, um den Austrieb neuer, kleinerer Nadeln anzuregen.
Wässern: Im Sommer sollte das Substrat gleichmäßig feucht gehalten werden. Bei kühlem Standort im Winter nur mäßig wässern. Staunässe ist unbedingt zu vermeiden.
Düngen: Von April bis Oktober alle zwanzig Tage einen Flüssigdünger verabreichen.

Pinie, Höhe 65 cm, Halbkaskade (Han-Kengai)

DIE EIBE

Die Eibe hat eine dichte, dunkle Krone. Ihr Stamm ist gedrungen und beinahe von Grund an verzweigt. Damit vermittelt sie ein Bild der Reglosigkeit und Unsterblichkeit.

Seit jeher ist die Eibe *(Taxus baccata)* von zahlreichen Legenden und Geschichten umgeben. Im Aberglauben erscheint die Eibe oft als ein Baum, der bösen Zauber und feindliche dämonische Kräfte abwehrt. Einer Sage nach sollen mit Hilfe von Eibenzweigen Geister vertrieben worden sein, die Bauern Schaden zufügten. Neben der Bezeichnung Baum des Lebens, die vermutlich auf ihre Langlebigkeit zurückgeht, wurde sie schon zu früher Zeit Baum des Todes genannt. Schon Plinius schreibt, man habe in Gallien beobachtet, daß die aus Eibenholz gefertigten Weinbecher dem Trinker den Tod bringen können. Cäsar berichtet in seinem „Gallischen Krieg", daß Katuvolkus, ein Herrscher der Eburonen, sich durch das Gift der Eibe getötet habe, als die römischen Eroberer siegreich vordrangen.

Tatsächlich enthalten vor allem die Blätter der Eibe das bittere Alkaloid Taxin, das für den Menschen hochgiftig ist. So lassen sich vielleicht die zahlreichen Legenden, die sich mit der Eibe befassen, rational erklären.

Auch das Aussehen des Baumes trug zu seinem geheimnisvollen Ruf bei: Die Eibe hat eine dichte, dunkle Krone. Ihr Stamm ist gedrungen und beinahe von Grund an verzweigt. Damit vermittelt sie ein Bild der Reglosigkeit und Unsterblichkeit. Auch wegen ihres äußerst langsamen Wachstums scheint sie sich nicht zu verändern. Bisweilen kann man sich kaum des Eindrucks erwehren, der Baum wirke geradezu wie einbalsamiert. Überdies gibt es, vor allem in England, Eiben, die möglicherweise über zweitausend Jahre alt sind. Bei den Völkern Nordeuropas galt sie seit jeher als heiliger und geheimnisvoller Baum. Noch heute stehen auf vielen Kirchhöfen uralte Eiben. Bisweilen wurden im Inneren der mehrstämmig wachsenden Bäume, die einen Umfang von bis zu 15 m erreichen können, kleine Kapellen und Oratorien eingerichtet und manchmal sogar Taufbekken angebracht. In heidnischen Zeiten waren die Eiben allem Anschein nach regelrechte Kultstätten.

Das Verbreitungsgebiet der Eibe erstreckt sich über Europa und Kleinasien. Auch in Deutschland kommt sie in weiten Teilen vor und wächst bis in Höhen von 1300 m. Die Eibe verträgt Kälte und auch noch die kärgsten, wenn auch unbedingt kalkreichen Böden. Da sie nicht besonders viel Licht benötigt, gedeiht sie auch gut unter Buchen, Eichen und Fichten, während umgekehrt unter ihrer dunklen und extrem dichten Krone kaum eine Pflanze existieren kann.

Das hochwertige Holz der Eibe ist äußerst begehrt; der Baum selbst allerdings wächst nur äußerst langsam. Das ist auch einer der Gründe, warum die Eibe auszusterben droht. Schon im Mittelalter und während des Dreißigjährigen Krieges wurden die Bestände stark dezimiert, weil Eibenholz für Armbrüste, Lanzen, Bögen und Pfeile verwendet wurde.

Die Eibe ist als Ziergehölz sehr beliebt, denn sie läßt sich durch Beschneiden gut in Form bringen und erlaubt so eine individuelle Garten- und Parkgestaltung.

Eibe (Taxus baccata)

Stamm: Häufig ist der Stamm bis zur Basis verzweigt, wobei sich die Zweige mitunter aufrichten und zu Sekundärstämmen werden. Bei älteren Exemplaren ist der Stamm gedrungen und entwickelt einen stattlichen Umfang. Wegen des extrem langsamen Wachstums ist das Holz außerordentlich hart, feinkörnig und elastisch. Es weist eine charakteristische orangebraune Färbung auf und wird für feine Intarsien, Skulpturen und exklusive Möbel verwendet. Wegen seiner Elastizität eignet es sich besonders für Bogenkonstruktionen.

Nadeln: Die Nadeln sind dunkelgrün, weich und leicht abgeplattet. Sie sind 3 – 4 mm lang und 2 mm breit. Sie sitzen gescheitelt an den Zweigen an und werden nicht abgeworfen.
Früchte: Ein scharlachroter, fleischiger Samenmantel (Arillus) umschließt die schwarzen, giftigen Samen becherförmig. Das ziemlich süßliche Fruchtfleisch ist eßbar. Die Früchte werden häufig von Vögeln gefressen, die damit zur Verbreitung beitragen.

DIE EIBE ALS BONSAI

Standort: Die Eibe verträgt Schatten sehr gut, gedeiht aber auch an einem sonnigen Platz. Kein Winterschutz erforderlich.
Umtopfen: Man topft alle drei bis vier Jahre im Frühjahr um und schneidet die Wurzeln um ein Drittel zurück. Für eine gute Drainage sorgen.
Substrat: Die Eibe kommt zwar mit jeder Erde zurecht, besonders gut gedeiht sie jedoch in einer Mischung aus Komposterde, Ton und grobem Flußsand zu gleichen Teilen. Wachstumsstörungen sind häufig eine Folge von Kalkmangel.
Schnitt: Die Neutriebe während der Vegetationsperiode regelmäßig pinzieren, um die innere Verzweigung anzuregen. Wenn man Früchte erhalten möchte, sollte man die kleineren Zweige erst dann beschneiden, wenn die Blüten erschienen sind. Der Rückschnitt der dickeren Zweige erfolgt im Herbst.
Wässern: In der Wachstumszeit täglich das Erdreich wässern und zugleich die Blätter besprühen. Darauf achten, daß die Erde im Winter niemals völlig austrocknet.
Düngen: Während der Vegetationsperiode im Durchschnitt alle zwanzig Tage am besten einen organischen Langzeitdünger verabreichen; im August aussetzen.

Eibe, Höhe 58 cm, streng aufrechte Form (Chokkan)

DIE ZYPRESSE

Die Zypresse hat eine dichte, dunkle Säule und ist typisch für alle Mittelmeerlandschaften. Sie kann bis zu 50 m hoch wachsen, und das Alter mancher Exemplare wird auf zweitausend Jahre geschätzt.

Die Bäume der Zypressenfamilie unterscheiden sich ganz erheblich von anderen Bäumen. Vor lauter Blättern kann man keine Zweige, oder vor lauter Zweigen keine Blätter sehen. Und Knospen gibt es scheinbar keine. Diese Andersartigkeit der Zypresse hat ihren Ursprung tatsächlich in der für sie charakteristischen Benadelung. Die schuppenartigen Blättchen sind so dicht an die Zweige angedrückt, daß man an den meisten jüngeren Trieben nur ihr Blattgrün sieht: Holz ist nicht zu erkennen. Da man weder Zweige, noch Knospen, noch die sonst üblichen Merkmale unterscheiden kann, wirkt der Nadelbesatz merkwürdig gleichförmig. Im Winter legen die Zypressen lediglich eine Wachstumspause ein und sprießen dann im Frühjahr in ihren alten Bahnen weiter. Einzig durch schubweise Erweiterung wird ein Zypressenzweig zu einem Zypressenast.

Die Echte Zypresse *(Cupressus sempervirens)* ist die dichte, dunkle Säule des italienischen Gartens, des griechischen Olivenhains – eigentlich aller Mittelmeerlandschaften. Sie stammt aus den Gebirgen von Nordpersien, Syrien, Libanon, Kleinasien, Kreta und Zypern. Sie wurde schon in der Antike nach Italien eingeführt und ist heute im ganzen Mittelmeerraum verbreitet.

Bei den Echten Zypressen handelt es sich um Bäume, deren fest von kleinen, schuppenförmigen Blättern umhüllte Zweige nicht nur in einer Ebene, sondern in alle Richtungen wachsen. Dies unterscheidet sie, abgesehen von ihren wesentlich größeren Zapfen, in erster Linie von den Scheinzypressen, die sich, wie auch die Thuja, flach verzweigen. Bei uns in Deutschland ist sie nur an besonders geschützten Standorten winterhart. So findet man einzelne Exemplare auf der Insel Mainau im Bodensee sowie in der Pfalz.

Einer alten Tradition zufolge pflanzte man in Italien anläßlich der Geburt eines Jungen einen Walnußbaum. War der Junge erwachsen und stand seine Heirat bevor, sollte aus diesem Walnußbaum das Schlafzimmer gefertigt werden. Wurde hingegen ein Mädchen geboren, pflanzte man eine Zypresse, aus der später die Mitgifttruhe gezimmert wurde.

Man wählte ganz bewußt die Zypresse für diesen Zweck, da ihr Holz äußerst dauerhaft ist. Es enthält zudem einige ätherische Öle, die für unsere Nase sehr angenehm sind. Motten und Holzwürmer hingegen werden durch sie abgeschreckt. Die Qualität des Holzes hat sich vielfach erwiesen: Konstantin der Große errichtete in Rom die Prachtbasilika über dem Petrusgrab und versah sie bereits mit Türen aus Zypressenholz. Als Papst Eugen IV. beschloß, diese durch Bronzetüren zu ersetzen, waren nicht weniger als tausendeinhundert Jahre vergangen, die alten Türen aber waren noch immer in tadellosem Zustand.

Zypressen können eine beeindrukkende Höhe von 50 m erreichen und im Durchschnitt etwa fünfhundert Jahre alt werden. Andererseits gibt es Exemplare, deren Alter sogar auf sage und schreibe tausendfünfhundert bis zweitausend Jahre geschätzt wird.

Zypresse (Cupressus sempervirens)

Stamm: Bei älteren Bäumen kann er einen Umfang von bis zu 4 m erreichen. Säulenförmig wachsende Sorten bilden einen geraden Stamm, bei Formen mit ausgebreiteter Krone kann er auch leicht gewunden wachsen. Das Zypressenholz wird seit jeher für Möbel, speziell für Schränke und Truhen, verwendet, da es fast unverwüstlich ist und zudem ätherische Öle enthält, welche Ungeziefer wirksam vertreiben. Die dünne Rinde ist graubraun und weist feine Längsrisse auf.

Blätter: Sie sind immergrün, zeigen eine satte Färbung, sind schuppenförmig und sitzen, einander überlagernd, dicht an den Trieben an. Wegen ihrer kräftigenden und gefäßverengenden Wirkung ist die Zypresse ein bewährtes Heilmittel bei Hämorrhoiden und allen Erkrankungen des Gefäßsystems. Zwischen den Blättern sprießen kleine, 2 – 3 cm dicke, dunkelgraue Zapfen. Sie enthalten die Samen, die erst im zweiten Jahr zur Reife gelangen.

DIE ZYPRESSE ALS BONSAI

Standort: Von März bis Oktober sonnig halten, im Winter frostfrei an einem hellen Platz im Haus aufstellen.
Umtopfen: Es erfolgt alle 2 – 3 Jahre im Frühjahr, wobei eine gute Drainage angelegt wird.
Substrat: Optimal ist eine Mischung aus 50 % Gartenerde sowie 50 % grobem Flußsand und Torf zu gleichen Teilen.
Schnitt: Wie bei allen Koniferen werden die Neutriebe pinziert, wodurch sich die Nadeln – in diesem Fall handelt es sich um Schuppenblätter – zunehmend verdichten.
Wässern: Regelmäßig gießen, dabei ist darauf zu achten, daß man jedoch zwischen den einzelnen Wassergaben die Erde immer wieder leicht abtrocknen läßt.
Düngen: Von Frühjahr bis Herbst am besten regelmäßig einen organischen Dünger verabreichen. Im Winter dagegen je nach Bedarf nur sporadisch düngen.

Zypresse, Höhe 80 cm, Waldform (Yose-Ue)

DER WACHOLDER

Seit Jahrtausenden weiß der Mensch um die heilende Wirkung des Wacholders bei jeder Art von Krankheit und bösem Zauber. Früher pflanzte man ihn vor die Haustür, um üble Geister abzuhalten.

Die Gattung *Juniperus,* Wacholder, ist über die gesamte nördliche Erdhalbkugel verbreitet. Ihre Formenvielfalt ist beeindruckend. Es gibt stattliche Sträucher und Büsche, niederliegende und kriechende Arten, Bäumchen mit windzerzauster Krone, aber auch gestandene Bäume von säulenförmigem, zypressenähnlichem Wuchs und etwa 10 m Höhe.

Wahrscheinlich gibt es, was Klima und Boden betrifft, keine anpassungsfähigere Pflanze. Wacholder wachsen wirklich überall. In Deutschland kommen vor allem drei Arten vor, nämlich der Zederwacholder *(Juniperus virginiana)*, der Sadebaum *(Juniperus sabina)* und der Gemeine Wacholder *(Juniperus communis)*. Ihre Form variiert je nach ihrer Umgebung.

Am häufigsten wächst der Gemeine Wacholder. Er gedeiht vom Flachland bis in Höhen über 3000 m; als Zwergform wagt er sich in den Alpen gar bis in 3500 m vor, womit er unter den Gehölzen den Rekord einnimmt. Er kommt mit Trokkenheit und Kälte und auf kalkigen Felsen ebenso wie auf Schutthalden zurecht, die er mit seinen Wurzeln stabilisiert und mit Humus anreichert. Damit ebnet er den Weg für andere, weniger genügsame Pflanzen.

Seit Jahrtausenden weiß der Mensch um die heilende Wirkung des Wacholders bei jeder Art von Krankheit und bösem Zauber. Früher pflanzte man ihn vor die Haustür, um üble Geister abzuhalten. In der Toskana hängte man einen Wacholderzweig über die Tür. Er sollte gegen Hexen schützen, die, so der Volksglaube, auf ihren nächtlichen Streifzügen der Versuchung nicht widerstehen konnten, die Nadeln an dem Zweig zu zählen. Da diese aber so dicht und zahlreich wachsen, verzählten sie sich beinahe zwangsläufig und mußten von vorne beginnen, bis der Morgen graute und sie, um nicht gesehen zu werden, fliehen mußten, ohne Unheil angerichtet zu haben.

Wer in Deutschland bestohlen worden war, mußte lediglich einen Wacholderzweig zur Erde herunterbiegen, einen dicken Stein darauflegen und dann Frau Wacholder anrufen, die schließlich dafür sorgte, daß der Missetäter mitsamt dem Diebesgut zurückkehrte.

Obwohl es sich bei derlei Geschichten um Volksmärchen handelt, klingt in ihnen doch das Wissen um die unbestrittenen Heilkräfte des Wacholders an. Durch Verbrennen seiner Zweige, die dabei wohltuende Duftstoffe an die Umgebung abgeben, bekämpfte man Pest-, Cholera- und Pockenepidemien. Mit dem Holz und der Rinde wurden Gicht, Geschwüre und Syphilis geheilt. Aus den Zapfenbeeren des Sadebaums gewann man ein Öl zum Abtreiben, während der Zederwacholder eine ölige, aromatische Substanz lieferte, die den alten Griechen und aller Wahrscheinlichkeit nach auch den Ägyptern zum Einbalsamieren Verstorbener diente und noch heute in der Tiermedizin als wirkungsvolles Schädlingsbekämpfungsmittel eingesetzt wird.

Vom Gemeinen Wacholder stammen die Wacholderbeeren, die vor allem Wildgerichte würzen. Außerdem stellt man aus ihnen Wacholderlikör und Gin her.

Wacholder (Juniperus communis)

Stamm: Während Baumformen einen leicht gewundenen Einzelstamm bilden, kann der Stamm bei strauchigen Formen sehr vielgestaltig sein. Die graubraune Rinde zerfasert im Alter und nimmt eine rotbraune Färbung an. Das harte und fäulnisresistente Holz wurde früher für kostbare Skulpturen verwendet. Heute dient es zur Herstellung von Bleistiften und anderen Gebrauchsgegenständen.
Blätter: Der Gemeine Wacholder bildet kleine, stechende Nadeln. Sie sind immergrün und weisen auf der Oberseite ein weißbläuliches Band auf. Sie sind höchstens 15 mm lang und leicht nach innen gebogen, dabei gruppieren sie sich zu dreizähligen Quirlen. Der Sadebaum wie auch der Zedernwacholder besitzen hingegen Schuppenblätter ähnlich wie die Zypresse.
Früchte: Die kugeligen Früchte des Gemeinen Wacholders sind 5 – 8 mm dick, anfangs blaugrün und mit Erreichen der Reife blauschwarz. Beim Zederwacholder und vor allem bei der Unterart *ssp. macrocarpa* sind sie dicker und rostrot. Wie die Früchte des Gemeinen Wacholders dienen sie als Küchengewürz sowie zur Herstellung von Schnäpsen und Likören. Die Früchte des Sadebaums sind giftig.

DER WACHOLDER ALS BONSAI

Standort: Die robuste Pflanze liebt sonnige Standorte und verträgt gut Kälte.
Umtopfen: Alle zwei bis vier Jahre sollte im Frühjahr, also vor beginnendem Austrieb, umgetopft werden.
Substrat: Der Wacholder-Bonsai gedeiht in praktisch jeder Erde. Optimal entwickelt er sich jedoch in einer Mischung aus 40 % Gartenerde, 40 % grobkörnigem Flußsand und 20 % Torf oder Heideerde. Unerläßlich ist dabei eine gute Drainage, da der Wacholder Staunässe nicht verträgt.
Schnitt: Während der Vegetationsperiode die Neutriebe pinzieren. Zum Herbst hin sollte man das Pinzieren aber nach und nach einstellen, damit die Pflanze ihr Wachstum rechtzeitig vor den ersten Frösten einstellt. Ein Drahten bleibt bei der Gestaltung oft unerläßlich.
Wässern: Im allgemeinen mäßig gießen, vor dem erneuten Wässern die Erde abtrocknen lassen. Im Sommer die Krone frühmorgens und gegen Abend reichlich besprühen.
Düngen: Monatlich von Frühjahr bis Herbst mit organischem Langzeitdünger.

Wacholder, Höhe 83 cm, Spaltholz-Technik (Sabamiki)

DIE LIBANONZEDER

Bei aller Stattlichkeit wirkt die Libanonzeder niemals plump, sondern vermittelt stets ein Bild von außerordentlicher Eleganz. Dies macht sie zu einem der bevorzugten Parkbäume in Italien, Nordwestfrankreich und vor allem im Süden Englands.

Die Libanonzeder *(Cedrus libani)* stammt aus den Gebirgen Kleinasiens und dem Libanon, wo sie in einer Höhenlage zwischen 1300 und 2000 m anzutreffen ist. In früheren Zeiten gab es hier ausgedehnte Wälder. Jetzt sind nur noch einige kleine Haine übriggeblieben, die von den Angehörigen einer christlichen Sekte, den Maroniten, geschützt werden. Die größten erhaltenen Naturwälder findet man im Taurus-Gebirge im Südosten der Türkei.

Alle drei Zedernarten sind immergrün. Ihre Nadeln stehen entweder einzeln an Langtrieben oder in Gruppen von zehn bis zwanzig gehäuft an Kurztrieben.

Die Libanonzeder ist ein bis zu 40 m hoher Baum. Ihre Krone ist in der Jugend zunächst pyramidenförmig. Erst im Alter formt sich ihr typischer Habitus. Ihr Stamm teilt sich dann in mehrere Hauptäste, die mehr oder weniger waagerecht stehen und eine flache, schirmförmige Krone entwickeln.

Im gesamten Koniferenbereich gibt es kaum eine Pflanze, die sich mit der Zeder vergleichen ließe. Nicht einmal die Kiefer bringt Bäume von solch majestätischer Architektur hervor. Vielleicht auch wegen ihrer Erwähnung in der Bibel – hier gilt sie als Symbol für Fruchtbarkeit und Kraft – betrachtet man in Europa die Zeder mit Bewunderung. Bei aller Stattlichkeit wirkt die Libanonzeder niemals plump, sondern vermittelt stets ein Bild von ansprechender Eleganz. Diese Eigenschaft machte sie zu einem der bevorzugten Parkbäume in Italien, Nordwestfrankreich und vor allem in Südengland. Mitte des 17. Jahrhunderts kam die Libanonzeder sogar sehr in Mode. Ein im Jahre 1643 im Pfarrgarten von Childrey im Themsetal gepflanztes Exemplar hat heute einen Stammumfang von über 8 m.

Libanonzedern lieben ein mildes, luftfeuchtes Klima und einen ausreichend frischen, durchlässigen Boden. In der Jugend sind sie recht empfindlich gegen tiefe Temperaturen, kalte Winde und die Wintersonne.

Das Holz dieses Baumes ist wohlriechend, ziemlich haltbar, widerstandsfähig gegen Insektenbefall und Fäulnis. Es war bereits im Altertum von Bedeutung. So wurde es von den Ägyptern zur Mumifizierung genutzt sowie für Särge. Ebenso soll es im Schiffbau Verwendung gefunden haben. Das für die Anfertigung von Zigarrenkisten benötigte sogenannte Zedernholz stammt allerdings nicht von der Zeder, sondern von einem Laubgehölz mit dem Namen *Cedrela*.

Für den Bau des Tempels in Jerusalem ließ König Salomo, so steht geschrieben, im Libanon zahlreiche Zedern fällen. Weil ihr Holz nicht fault, schrieb er ihm die Macht zu, auch die Seele vor Verderbtheit zu schützen. Allerdings ist diese Interpretation mit Vorbehalt zu sehen, denn seinerzeit bezeichneten die Griechen und Römer mit dem Wort *kedros* beziehungsweise *cedrus* einen Baumwacholder, der in jener Gegend wächst, und generell auch alle Wacholder.

Libanonzeder (Cedrus libani)

Stamm: Im Laufe der Jahre wird der Stamm sehr dick, niemals aber besonders hoch, da die kräftigen, waagerecht ausgebreiteten Äste sehr weit unten ansetzen. Die Rinde ist dunkelgrau, manchmal auch rötlich überlaufen und weist ein dichtes Netz von Rissen auf. Das Holz ist wohlriechend und fault nicht. Es ist aber wirtschaftlich nicht von Bedeutung, da die Pflanze zu langsam wächst. Die noch vorhandenen, prachtvollen Libanonzedern zu fällen, käme einem Verbrechen gleich, das in der Vergangenheit vor allem in ihrer angestammten Heimat allzu häufig begangen wurde. Glücklicherweise wurden in den letzten Jahren Gesetze verabschiedet, die der Ausrottung hoffentlich wirksam Einhalt gebieten werden.

Nadeln: Wie alle Kieferngewächse trägt die Libanonzeder Nadeln. Sie sind dunkelgrün und in der Regel 2 – 3 cm lang. An Neutrieben stehen sie einzeln, an alten Zweigen in Büscheln von zehn bis zwanzig Nadeln.

Früchte: Die Zapfen sind oval und 7 – 12 cm lang. Wenn sie nach zwei Jahren reif sind, zerfallen sie am Baum und geben auf diese Weise die Samen frei, während das „Skelett" weiterhin am Baum verbleibt.

DIE LIBANONZEDER ALS BONSAI

Standort: Die Libanonzeder liebt ein mildes bis warmes Klima und verübelt starken Frost. Daher hält man den Bonsai von April bis Oktober sonnig bis hell und überwintert ihn frostfrei an einem hellen Platz im Haus.

Umtopfen: Die Pflanze alle drei bis vier Jahre umtopfen. Die Wurzeln sind schonend zu behandeln, denn sie reagieren empfindlich auf einen zu rigorosen Schnitt.

Substrat: Bevorzugt wird ein kühler, tiefer Boden, wobei gelegentliche Trockenheit sich positiv auswirkt. Man sollte eine Mischung aus Gartenerde und grobem Flußsand zu gleichen Teilen verwenden.

Schnitt: Während der gesamten Wachstumsperiode die Neutriebe auszupfen. Die dicken Zweige, falls nötig, erst im Winter beschneiden, um Harzverluste zu verringern.

Wässern: Von Mai bis September täglich gießen; in der übrigen Jahreszeit die Erde nur leicht feucht halten.

Düngen: In der Vegetationsperiode erhält der Bonsai einmal monatlich einen organischen Langzeitdünger.

Libanonzeder, Höhe 52 cm, frei aufrechte Form (Moyogi)

DIE BONSAI-GESTALTUNG

Schon seit vielen Jahrhunderten erfreuen sich Pflanzen, die der Zierde von Haus und Hof dienen, der besonderen Wertschätzung durch die Menschen. Es wird viel Mühe und Aufmerksamkeit darauf verwendet, das Alltagsleben durch Pflanzen schöner und angenehmer zu gestalten. Die Beschäftigung mit Bonsais bietet eine besonders reizvolle Abwechslung zu der sonst üblichen Art des Umgangs mit Pflanzen.

Die Kunst des Ziehens von Miniaturbäumen entzieht sich dem Sekundenrhythmus unserer heutigen Zeit. Sie unterliegt nur den Jahreszeiten, dem Wechsel zwischen Tag und Nacht, zwischen Wärme und Kälte. Wer sich mit der Bonsai-Kunst auseinandersetzt, lernt die Pflanzen kennen und verstehen. Erleben wir einen Mißerfolg, sollten wir weitermachen, um herauszufinden, wo wir einen Fehler gemacht haben.

Die Bonsai-Gestaltung macht uns bewußt, daß das Ziel, die Zufriedenheit und das Glück stets etwas entfernt sind von dem Punkt, an dem wir uns gerade befinden. Nur wenn wir dies erkennen, haben wir den Antrieb und die Möglichkeit, ständig weiter zu suchen und nach Vollendung zu streben. Nur durch die Liebe zu dem, was wir tun wird es uns gelingen, unsere Tage so zu gestalten, daß wir sie aktiv erleben, anstatt sie zu erleiden.

Die Bonsai-Kunst ist im Grunde genommen nicht schwierig. Nur ist sie eben eine Kunst und verlangt somit eigene Interpretationen und ein reiches Maß an Phantasie. Jeder kann sich Farben kaufen und ein Bild malen, doch ist er damit noch lange kein neuer Kandinsky. Gleiches gilt für das Bonsai. Jeder kann in diese Kunst einsteigen, indem er vielleicht ein paar Bücher liest oder an einem der Kurse teilnimmt, die in wachsender Zahl angeboten werden. Ein befriedigendes Resultat aber ist damit noch nicht garantiert.

Wenn auch die Methoden von Aufzucht, Gestaltung und Pflege bei den einzelnen Bäumen sehr verschieden sein können, so gibt es doch einige allgemeingültige Grundregeln. Diese werden im nachfolgenden Kapitel erläutert. Alles andere, was zur Bonsai-Kunst gehört, obliegt jedem selbst. Es bedeutet, wenigstens einen kleinen Teil der Eile abzulegen, mit der man üblicherweise die Dinge des Alltags erledigt. Man muß sich eine gewisse Demut und einigen Respekt zu eigen machen, denn schließlich hat man es mit einem Lebewesen zu tun.

Für viele Menschen in Europa bilden heutzutage Bonsais einen lebendigen Bestandteil ihres täglichen Lebens. Die Beschäftigung mit Bonsais ermöglicht es ihnen, selbst in einer Stadtwohnung in engem Kontakt mit der Natur zu bleiben. Unsere Kulturgeschichte beweist, daß auch der Europäer schon immer eine Beziehung zum Baum hatte. Die Beschäftigung mit Bonsais ist eine Möglichkeit, diese Beziehung neu zu entdecken.

Vor etwa zwei Jahrtausenden kam unter den Adligen in China die Mode auf, Paläste mit ungewöhnlichen Topfpflanzen zu schmücken. Sie hießen *Pen-Jing* und waren nichts anderes als die Vorläufer der heutigen Bonsais. Im unwegsamsten Gebirge hielt man nach Pflanzen Ausschau, die durch eine Laune der Natur oder auch unter dem Einfluß äußerer Faktoren wie Schnee, Wind oder Dürre ungewöhnliche Formen angenommen hatten. Die Sammler waren oft monatelang unterwegs. Nach ihrer Rückkehr wurden für die schönsten Pflanzen Gefäße geformt, die möglichst gut mit der Form der seltsamen Bäume harmonierten. Auf die Gefäße wurden schließlich Darstellungen der Landschaften gemalt, aus denen die Pflanzen stammten.

Aller Wahrscheinlichkeit nach wurde so die Bonsai-Kunst geboren. Bis die faszinierenden Miniaturgewächse zu uns in den Westen gelangten, brachten sie einen langen Weg hinter sich.

Bereits in der Ming-Zeit, um 1300, begannen die Chinesen, Bonsais zu ziehen. Bei ihren Aktivitäten entstanden Gewächse mit bisweilen durchaus grotesken Formen. Die Zweige der Bonsais wanden und krümmten sich auf die bizarrste Art und Weise. Diese Mode hat sich in bis heute gehalten, und an ihr kann man einen chinesischen von einem japanischen Bonsai unterscheiden.

Aus China gelangten die Bonsais vor etwa neunhundert Jahren nach Japan. Ihre Ausbreitung vollzog sich parallel zu der des Buddhismus. Eines der zentralen Elemente der Zen-Lehre ist das stetige Streben nach Gleichgewicht und einem tiefen Einverständnis zwischen Mensch und Natur. Um 1600 entwickelten sich in Japan Bonsai-Stile, die einen möglichst großen Einklang mit den Formen anstrebten, wie sie die Natur hervorbringt.

Bei der Gestaltung sind uns die traditionellen Bonsai-Formen der Japaner sehr hilfreich. Die Betonung liegt auf hilfreich, sie sind kein Dogma. Würde man diese Gestaltungsregeln kleinlich genau befolge, gäbe es nur noch Bonsais, die einander wie ein Ei dem anderen glichen und sehr eintönig wirken würden.

Im Abendland waren die ersten Bonsais bei der Weltausstellung in Paris 1889 zu sehen. Neben dem Eiffelturm, der eigens zu diesem Anlaß erbaut worden war, konnte das Publikum, das aus ganz Europa anreiste, auch die ungewöhnlichen, bis zu diesem Zeitpunkt noch nie gesehenen Miniaturbäume bestaunen.

In den letzten einhundert Jahren, vor allem aber in den vergangenen Jahrzehnten gelangten die Bonsais in Europa zu einiger Verbreitung.

Es wäre zu wünschen, daß die Leserinnen und Leser nach der Lektüre dieses Buches die Bonsai-Kunst als das begriffen, was sie wirklich ist: ein Weg, die Natur zu verstehen und zu respektieren, eine Welt, in der wir nach einem hektischen Tag wieder zu uns selbst finden können.

ALLGEMEINE VORBEMERKUNG

Die Überzeugung, daß Bonsais heikel und schwierig zu pflegen sind und daß sie oft schon einige Wochen nach dem Kauf eingehen, ist weit verbreitet. Zwar mag diese Ansicht aufgrund der negativen Erfahrungen, die häufig dahinterstekken, durchaus berechtigt sein, doch muß sie relativiert werden.

Wenn ein Bonsai Probleme macht oder gar eingeht, ist dies nicht etwa ein unausweichliches Schicksal, sondern es gibt stets konkrete Ursachen dafür. Die Hauptprobleme sind erstens Unwissenheit und zweitens ein unlauteres Geschäftsgebaren, das manche Anbieter und Importeure von Bonsais an den Tag legen.

Bonsais werden nicht nur aus China und Japan, sondern auch aus Thailand, Taiwan, Korea und anderen tropischen und subtropischen Ländern importiert, in denen die Produktionskosten niedrig sind. Bei ihrer Ankunft in Europa haben diese Bonsais oft eine monatelange Reise hinter sich, bei der sie in dunkle Container eingeschlossen waren und häufig nur unzureichend mit Feuchtigkeit versorgt wurden. So erleben sie zunächst einen richtigen Schock. Außerdem sind sie in Erde eingetopft, die ohne tägliches und reichliches Wässern sehr hart wird, was die Pflanzen ebenfalls schwächt.

Es gibt spezialisierte Bonsai-Center, in denen die neu angelieferten Pflanzen sogleich in frische, leichte Erde eingepflanzt werden, die unserem Klima angemessen ist und in der vor allem die Wurzeln wieder atmen können. Doch kann man auch auf zahlreiche Garten-Center treffen, die Bonsais importieren und sie sofort verkaufen, ohne sie zuvor umzutopfen oder zumindest eine Zeitlang an unser Klima zu gewöhnen. In solchen Fällen handelt es sich um die erwähnten unlauteren Geschäftspraktiken.

Auch bezüglich der Unwissenheit sind vor allem die Bonsai-Anbieter gemeint, die sich mit der Pflege dieser Pflanzen oft überhaupt nicht oder nur unzureichend auskennen.

Daher sollte man Bonsais nur von Bonsai-Fachgeschäften beziehen und sich Pflegehinweise für die jeweilige Pflanze mitgeben lassen. Darüber hinaus sollte man darauf achten, daß die Erde locker und das Laub saftig grün ist und daß die Triebspitzen zumindest Anzeichen von Wachstum zeigen. Nur so hat man die Gewißheit, eine gesunde Pflanze erworben zu haben, die sich auch bereits an unser Klima gewöhnt hat. Alles Weitere hängt von der eigenen sorgfältigen Pflege des Bonsais ab.

FREILAND- ODER ZIMMER-BONSAIS?

Nur weil Bonsais in Pflanzgefäßen gezogen werden, sind sie nicht unbedingt Zimmerpflanzen. Manche müssen stets im Freien gehalten werden, andere vertragen auch einen ausgedehnten Aufenthalt in der Wohnung.

Aber diejenigen Bonsais, die im Freien kultiviert werden, sind ohne Frage die interessantesten. Sie durchlaufen alle jahreszeitlichen Veränderungen: Ihr Laub ist zart und frisch im Frühjahr, nimmt im Sommer ein sattes Grün und im Herbst die faszinierendsten bunten Schattierungen an. Manche Arten treiben hübsche Blüten, aus denen sich später Früchte entwickeln. Nachdem sie im Winter ihr Laub abgeworfen haben, bezaubern sie mit ihrer skulpturhaften Gestalt.

Frostempfindliche Freiland-Bonsais werden in der kalten Jahreszeit in ein kleines Kalthaus *(Abb. 1)* oder auf der Terrasse unter ein Schutzdach *(Abb. 2)* gestellt. Plastikfolie hält den eisigen Wind ab. Weniger frostempfindliche Freiland-Bonsais setzt man mit ihren Pflanzgefäßen in größere Kisten, die zum Schutz der Wurzeln gegen Frost mit Laub, Blähton oder Sand gefüllt werden *(Abb. 3)*. Am einfachsten ist es, sie mit dem Gefäß im Garten einzugraben *(Abb. 4)*.

Der Auffstellungsort ist so zu wählen, daß er den Pflanzen Schutz vor austrocknenden Winden und vor zu intensiver Sonnenbestrahlung bietet. Ideal ist ein Standort zwischen immergrünen Laub- oder Nadelgehölzen oder unter einem vorgezogenem Dach am Haus.

Einige Gärtner schwören auf eine Überwinterung ihrer Bonsais ohne Schalen. Der Vorteil dabei ist, daß man die Feuchtigkeit des Wurzelballens nur in größeren Abständen kontrollieren muß. Der Bonsai wird zu diesem Zweck vor Winterbeginn, nach den ersten leichten Frösten, vorsichtig aus seinem Gefäß genommen. Er wird dann im Garten in eine leichte, lockere Erde oder gut durchfeuchteten Torf auf Beete eingesenkt. Jedoch sollte man Pflanzen, die erst kurze Zeit im Gefäß stehen und noch keinen festen Wurzelballen gebildet haben, nicht auf diese Weise überwintern.

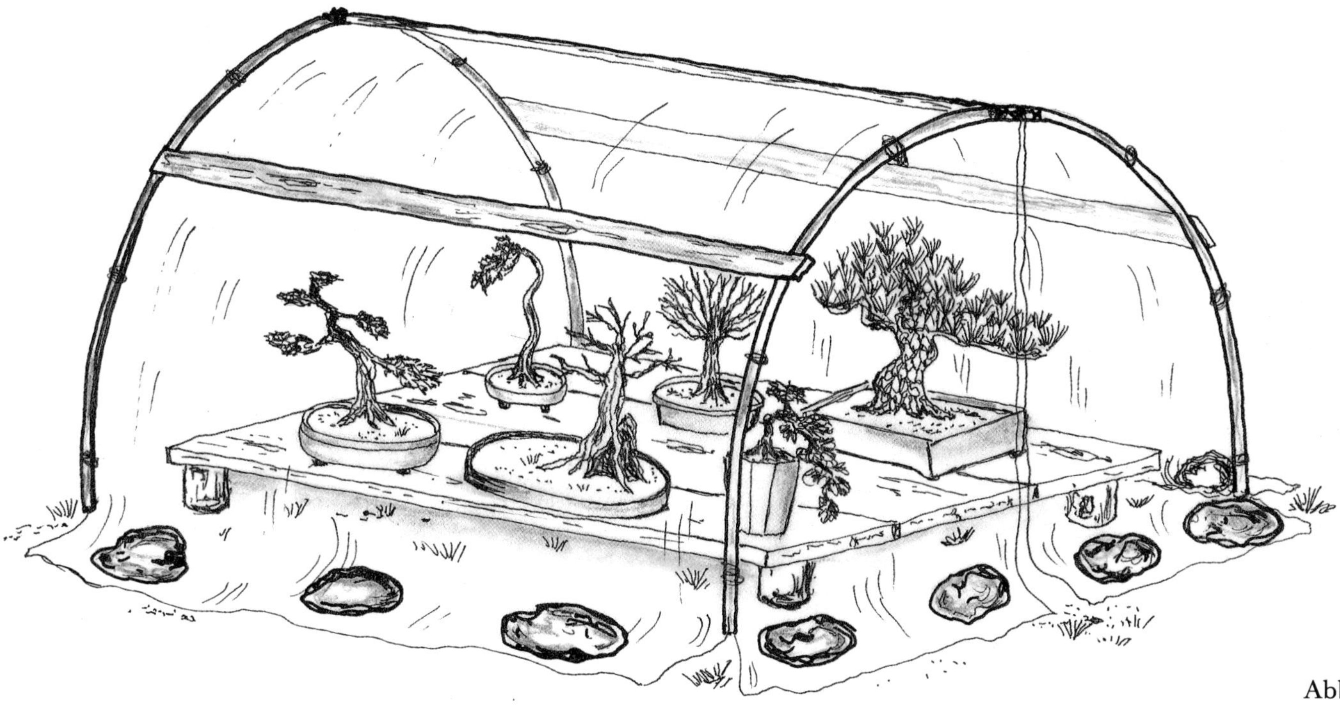
Abb. 1

Abb. 2

Zimmertauglich sind diejenigen Bonsai-Arten, die aus den Tropen oder Subtropen stammen und im Winter eine Temperatur von ungefähr 20 – 25 °C vertragen. Sie sind aus ihrer angestammten Heimat in der Regel an eine feuchte Wärme gewöhnt und verlangen auch bei uns entsprechende Umgebungsbedingungen. Man stellt sie an ein Fenster, wo sie zwar viel Licht bekommen, aber den durch die Scheibe brennenden Sonnenstrahlen nicht direkt ausgesetzt sind. Das Pflanzgefäß setzt man auf ein Tablett, das man mit Blähton füllt, der stets feucht gehalten wird *(Abb. 5)*.

Durch die verdunstende Feuchtigkeit entsteht um die Pflanzen herum ein artgerechtes Kleinklima, das die Bäume für ihre Entwicklung benötigen. Zusätzlich wird die Erde täglich kontrolliert und gegebenenfalls gewässert. Das Laub sollte in der Regel jeden Tag besprüht werden.

Zu den Bonsais für das Zimmer zählt *Serissa foetida.* Den deutschen Namen „Juni-Schnee“ oder „Baum der tausend Sterne“ verdankt er den fünfspitzigen weißen Blüten, die von Juni bis Oktober unablässig sprießen. Erwähnung verdient selbstverständlich auch *Carmona retusa,* Fukien Tee, mit winzigen weißen Blüten, die von kleinen, im ausgereiften Zustand orangebraunen Beeren abgelöst werden. *Sageretia thea,* zu deutsch Sageretie oder Falscher Tee, besticht durch seine ungewöhnlichen blauen Beeren sowie durch die Rinde, die sich im allgemeinen in feinen Flocken ablöst und den Blick auf das rötliche Holz freigibt. Weiße, duftende Blütendolden und rötliche Beeren so groß wie Oliven schmükken *Murraya,* den Orangenjasmin. *Ficus retusa,* eine Gummibaumart, entwickelt im Alter die typischen Luftwurzeln, die dem Bonsai Halt geben. Das einzige zimmertaugliche Nadelgehölz ist *Podocarpus,* die Steineibe, mit roten, gallertartigen Beeren, die denen der Eibe ähneln, jedoch größer sind. Pflegeleicht und einfach zu beschneiden ist schließlich die Chinesische Ulme mit immergrünen, kleinen gesägten Blättern.

Die genannten Pflanzen werden im Bonsai-Fachhandel bei weitem am häufigsten angeboten. Sie lassen sich ohne Probleme durchaus eine ganze Zeitlang in Zimmerkultur halten. Da es sich jedoch um Bäume handelt, die naturgemäß im Freien wachsen, werden sie von Mitte Mai bis September nach draußen an einen halbschattigen Platz oder einen Standort mit ausreichend Morgensonne gestellt. So gedeihen Bonsais optimal und geben zugleich ausreichend Gelegenheit, das Beschneiden zu üben, da ihre Triebe mitunter sehr schnell wachsen können.

Abb. 3

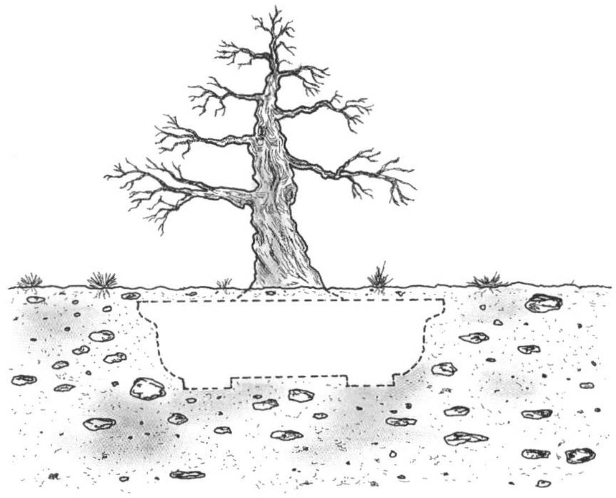

Abb. 4

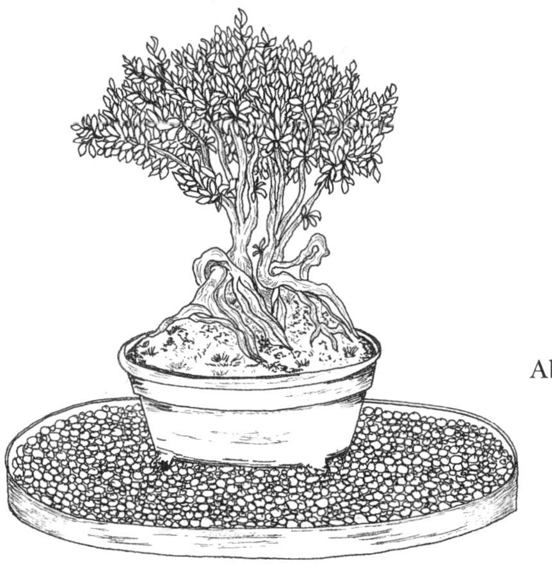

Abb. 5

WEGE ZUM BONSAI

Der Begriff „Bonsai“ setzt sich zusammen aus den japanischen Wörtern „bon“, Gefäß, und „sai“, was „Baum“ bedeutet. Die Wege zu einem „Baum im Gefäß“ sind vielfältig. Der Grundstein zu einer Bonsai-Sammlung wird in der Regel ein gekaufter Bonsai sein oder zumindest eine Pflanze, die bereits erste Gestaltungsmaßnahmen erfahren hat. Dies ist auch richtig so. Für den Anfang sind Bonsais, welche die ersten Entwicklungsstadien bereits hinter sich haben, wesentlich reizvoller. Sie ermutigen zu eigenen Experimenten, und der Anfänger hat Gelegenheit, sich mit den wichtigsten Kulturmaßnahmen vertraut zu machen.

Früher oder später aber möchte man damit beginnen, sich eigene Bonsais zu gestalten, sei es durch Sammeln in der freien Natur, durch den Kauf von Baumschulpflanzen, Abmoosen oder durch Stecklinge.

Baumschulpflanzen bieten die Möglichkeit, relativ schnell zu einem ansehnlichen Bonsai zu kommen. Im Bonsai-Fachhandel, in Gärtnereien, Garten-Centern und Baumschulen findet sich ein reichhaltiges Angebot an geeigneten einheimischen und außereuropäischen Pflanzenarten. Häufig entdeckt man zum Beispiel in Baumschulen Pflanzen, die nicht als Gartengehölz zu verkaufen sind, da sie den Qualitätsnormen nicht entsprechen, krumm und schief gewachsen oder einzelne Äste abgebrochen sind. Gerade aus diesen Pflanzen kann man, sofern sie gesund sind, besonders gut Bonsais gestalten.

Viele der alten und wertvollen Bonsais, die wir auf Ausstellungen zu sehen bekommen, sind in der Natur gesammelte Zwergformen verschiedener Pflanzenarten. Die Eingriffe des Menschen beschränken sich auf die Vervollkommnung dessen, was Wind und Wetter unnachahmlich geprägt haben. Ein Sammeln naturgewachsener Zwergformen kann allerdings nicht uneingeschränkt empfohlen werden.

Wenn sich Tausende von Bonsai-Liebhabern Sonntag für Sonntag aufmachten und in der freien Natur erbarmungslos Bäumchen ausreißen würden, wären die Bestände in einigen Jahren weit dezimiert. Wenden Sie sich deshalb besser an einen Förster in Ihrer Gegend und erkundigen Sie sich, wo Sie einige Pflänzchen sammeln dürfen. Ideal sind beispielsweise Stellen, an denen es einen Erdrutsch gegeben hat, wo eine Straße ausgebaut wird und die Bagger ohnehin zahlreiche Pflanzen überrollen werden.

Abb. 6

Abb. 7

Die beste Zeit für das Sammeln ist das Frühjahr, kurz bevor die Pflanzen zu treiben beginnen. Bei trübem Wetter oder nach einer Regenperiode kann man außerdem sicher sein, daß die Bäumchen vor dem Verpflanzen ihr Optimum an Feuchtigkeit aufgenommen haben. Man sollte darauf achten, immer so viele Wurzeln wie möglich mit auszugraben, ohne diese zu verletzen. Am besten nimmt man ein Stück anhaftender Erde des Standorts mit.

Die mitgebrachten Exemplare werden sofort gepflanzt, und zwar in einen Topf – meist ein Übergefäß, nicht der endgültige Bonsai-Topf – oder zunächst ins Freiland. Schließlich muß man sich für die Form entscheiden, welche die Pflanze erhalten soll. Zweige, die einander überkreuzen, werden entfernt, und man bestimmt denjenigen, der die neue Spitze des Bonsais bilden soll *(Abb. 6)*. Später wird der Bonsai in ein Gefäß eingesetzt, das seiner Form am besten entspricht *(Abb. 7)*. Das Ausgraben und die Behandlung danach verlangen große Sorgfalt und Geduld. Gelingt es aber, hat man in ein bis zwei Jahren einen wertvollen „alten" Bonsai.

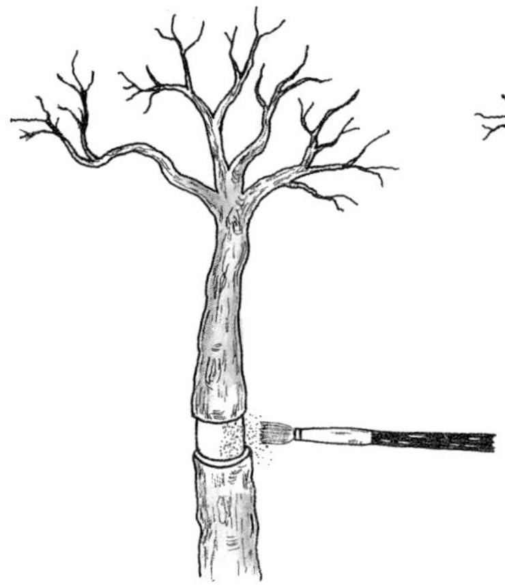

Abb. 8

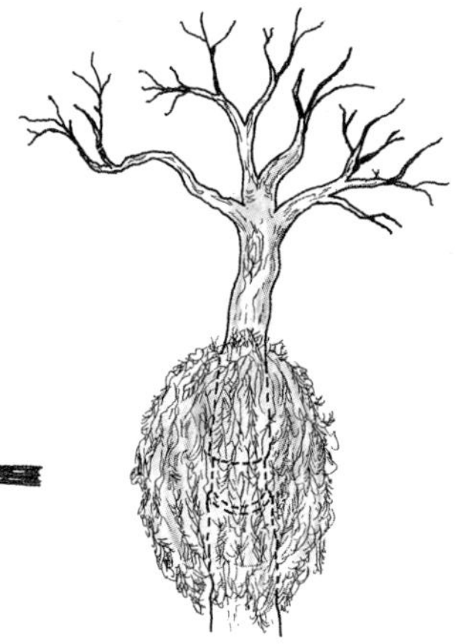

Abb. 9

Abb. 10

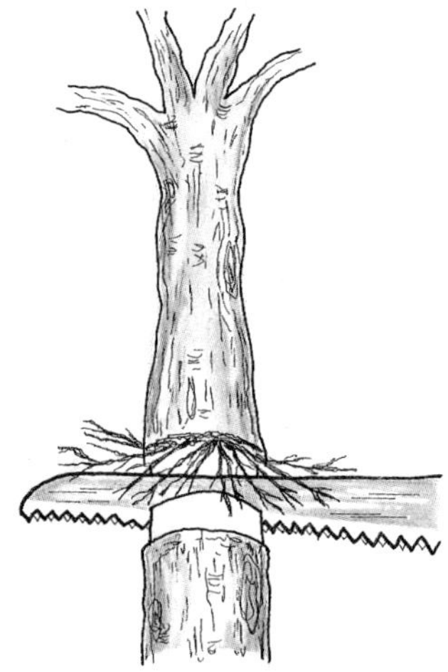

Abb. 11

ABMOOSEN

Im Gegensatz zur Vermehrung aus Stecklingen eignet sich die Technik des Abmoosens in idealer Weise auch für Zweige und Stämme mit einem Durchmesser von ungefähr 5 – 10 cm. Man kann sich einen Bonsai schaffen, wenn man folgendermaßen vorgeht:

1. Rings um den Stamm oder Zweig einen mehrere Zentimeter hohen Rindenstreifen abschälen, so daß das Holz zwar blank liegt, aber nicht eingeritzt ist.
2. Den freigelegten Bereich mit einem Bewurzelungshormon einpudern *(Abb. 8)* und mit einem dicken Polster aus Moos, Torfmoos (Sphagnum) oder einem Torf-Sand-Gemisch umhüllen *(Abb. 9)*.
3. Das Moospolster gründlich befeuchten und mit einem Stück Plastikfolie umhüllen, die am oberen und unteren Rand mit Eisendraht umwickelt wird *(Abb. 10)*.
4. Die Packung gleichbleibend feucht halten, gegebenenfalls mit einer Spritze befeuchten.

Der vorgenommene Eingriff unterbricht den Fluß des absteigenden Pflanzensaftes. Infolgedessen treibt die Pflanze nach einigen Monaten neue Wurzeln aus. Sind die jungen, weißlichen

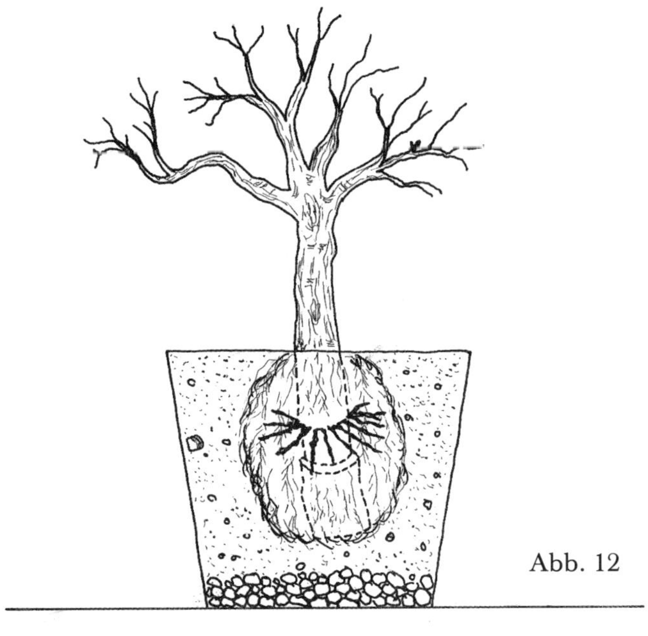

Abb. 12

Wurzeln durch die Folie zu erkennen, entfernt man die Umhüllung und schneidet den Stamm oder Zweig unterhalb der Packung ab *(Abb. 11)*. Die Packung selbst beläßt man an der Pflanze und topft sie mit ein *(Abb. 12)*.

Am besten kürzt man die Zweige leicht, um die Pflanze etwas zu kräftigen. Etwa einen Monat lang wird sie an einem schattigen Platz gehalten, danach kann man mit dem Düngen beginnen. Im darauffolgenden Jahr setzt man die Pflanze in ein Bonsai-Gefäß, wobei die Packung entfernt und der Reststumpf dann unterhalb der Wurzeln abgesägt wird.

Abb. 13

AUFZUCHT AUS STECKLINGEN

Bonsai-Jungpflanzen kann man natürlich auch gewinnen, indem man von einer Pflanze Teile von Zweigen abnimmt. Diese sogenannten Stecklinge sollten durchschnittlich ungefähr 10 – 20 cm lang und dabei nicht dicker als ein kleiner Finger sein. Man schneidet nun die Stecklinge in der Nähe eines Auges oder einer Verzweigung *(Abb. 14)*, da dieser Bereich erfahrungsgemäß am leichtesten Wurzeln treibt. Durch Einpudern mit einem Bewurzelungshormon wird dies noch zusätzlich gefördert.

Abb. 14

Die Stecklinge vom Laub befreien und in ein Substrat aus zu gleichen Teilen Torf und Flußsand pflanzen *(Abb. 15)*. Gut wässern und eine Haube überstülpen *(Abb. 16)*. Diese Methode der Pflanzenvermehrung liefert binnen weniger Wochen bewurzelte Stecklinge, die bereits Anfang September eingetopft werden können.

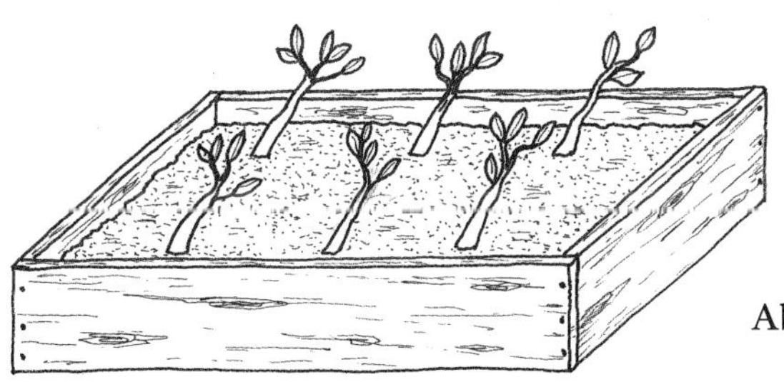

Abb. 15

Die Vermehrung der sommergrünen Laubgehölze durch Stecklinge wird zum frühestmöglichen Zeitpunkt durchgeführt. Günstig sind, je nach Pflanzenart, die Monate Juni bis August. Die Vermehrung der immergrünen Laubgehölze dagegen erfolgt von August bis Oktober. Über den geeigneten Zeitpunkt für die Vermehrung von Nadelgehölzen bestehen unterschiedliche Meinungen: Sowohl die Zeit von Juli bis August als auch die Wintervermehrung kurz vor dem Austrieb kann erfolgreich sein.

Durch regelmäßiges Abmoosen oder durch Stecklingsvermehrung erzielt man bei einigen laubabwerfenden Arten wie Ulme, Ahorn, Weide oder Glyzine schon in wenigen Monaten ganz hervorragende Ergebnisse.

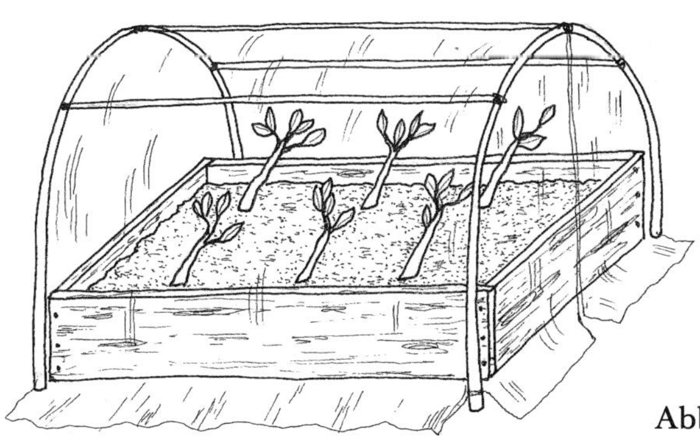

Abb. 16

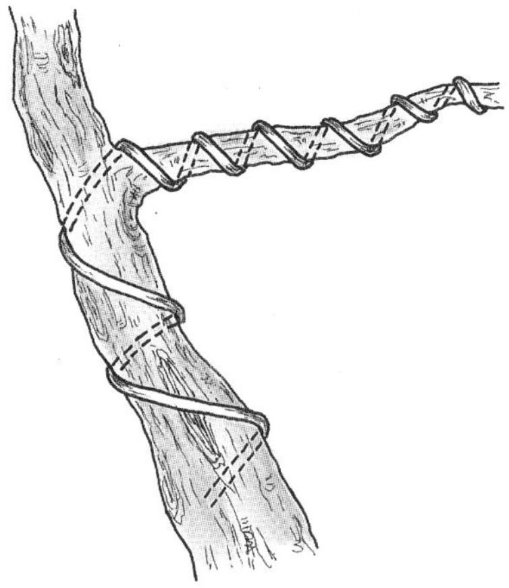

Abb. 17

Abb. 18

GESTALTUNG

Nachdem man von der Pflanze die überschüssigen Zweige abgenommen und denjenigen ausgewählt hat, der die Vorderansicht des Bonsais beherrschen soll – die übrigen verleihen der Gesamterscheinung nur räumliche Tiefe –, beginnt man mit der Erziehung des Bonsais.

Man kann einen relativ weichen Kupferdraht verwenden, der spiralförmig und nicht zu fest mit einer Steigung von 45° um Stamm und Äste gewickelt wird (*Abb. 17* und *18*). Man bringt den Draht im Frühjahr an und entfernt ihn wieder im Herbst. Ließe man ihn für die Dauer von beispielsweise zwei Vegetationsperioden an dem Bonsai, könnte er mit zunehmendem Wachstum in die Rinde einschneiden.

Eine andere Möglichkeit der Formgebung ist der Schnitt. Allerdings dauert es hierbei länger, bis die gewünschten Resultate erzielt werden können. Man wählt ein Auge aus und schneidet den Zweig einen Zentimeter oberhalb ab. Der neu sprießende Trieb wächst ganz von selbst in eine andere Richtung *(Abb. 19)*. Durch jährliches Wiederholen dieses Vorgangs kann man die Wuchsrichtung des Zweiges beliebig bestimmen *(Abb. 20)*. Jedoch sollte man nur verholzte Triebe beschneiden.

BONSAI-FORMEN

Zwar kennt die Bonsai-Kunst genau festgelegte Stile, doch wirkt meist eine möglichst natürliche Form am besten. Dazu kann man ein großes, in freier Natur gewachsenes Exemplar als Vorbild nehmen. Bevor man zur Schere oder Säge greift, fertigt man möglichst von der Pflanze eine Zeichnung odcr cin Foto an und entfernt darauf probeweise die Zweige. So macht man sich vorher ein Bild vom späteren Aussehen des Bonsais.

Auch die traditionellen japanischen Bonsai-Formen entsprechen in ihren Grundzügen der Gestalt natürlich gewachsener Bäume. Ihrer Entwicklung liegt eine aufmerksame Beobachtung und eine Suche nach absoluter Perfektion zugrunde. Daher sollte man es sich jeweils sehr genau überlegen, ob man einen großen, wichtigen Zweig nur aus dem Grund entfernt, weil er den Bonsai-Regeln nicht entspricht. Denn bisweilen macht ein „Fehler“ von Mutter Natur eine Pflanze erst richtig schön und originell.

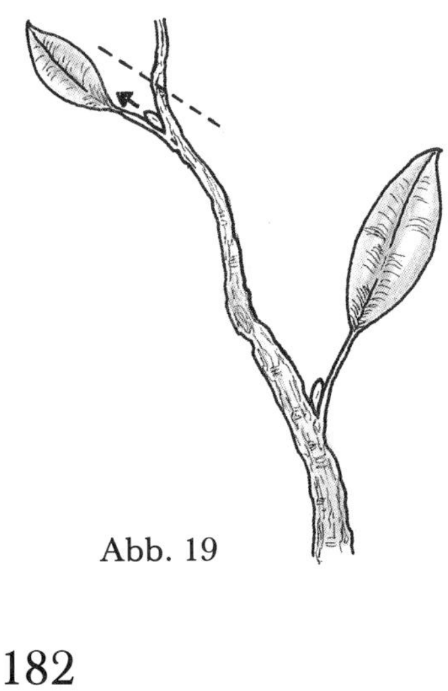

Abb. 19

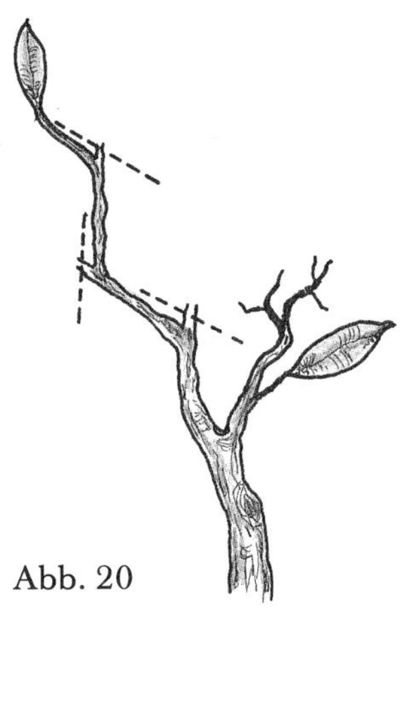

Abb. 20

Chokkan: streng aufrechte Form

Aus dem nach oben verjüngten, geraden und senkrechten Stamm wachsen waagrecht die Zweige. Der unterste Zweig ist der kräftigste und entsprießt dem Stamm etwa am Ende des unteren Drittels. Nach oben hin werden die Zweige kürzer und dünner, so daß die Krone beinahe dreieckig ist. Diesen Stil sieht man am häufigsten. Doch verleiht eine Prise Phantasie dem Bonsai stets eine persönliche Note.

Shakan: geneigte Form

Der Stamm ist über eine weite Strecke geneigt, und die Zweige wachsen in horizontaler Richtung. Aufgrund dieser extremen Position benötigt der Bonsai einen ausgesprochen kräftigen Wurzelapparat. Ein Teil der Wurzeln muß sogar aus der Erde herausragen.

Durch diesen unübersehbar sicheren Halt vermittelt der Bonsai dem Betrachter ein Bild von enormer Kraft.

Moyogi: frei aufrechte Form

Diese Form wird weniger durch die Krone als vielmehr durch den reizvoll gewundenen Stamm bestimmt. Er bildet für den Betrachter den eigentlichen Blickfang. Damit der Verlauf des Stammes gut sichtbar ist, dürfen die Zweige nicht zu dicht stehen, auch wenn sie mitunter etagenförmig gestaffelt sind. Die Zweige wachsen bei dieser Form stets aus der Außenseite der Stammbiegung.

Fukinagashi: windgepeitschte Form

Sie empfindet die Wuchsform von Pflanzen nach, die einem starken, unablässig aus einer Richtung wehenden Wind ausgesetzt sind. In freier Natur sieht man diese Form zum Beispiel bei Pflanzen an der Küste oder im Gebirge. Die Zweige entsprießen nur einer Seite des Stammes und unterstreichen somit noch die Wirkung. Äußerst reizvoll wirken Gruppenpflanzungen in dieser Form.

Hokidachi: Besenform

Der Stamm wächst gerade empor. Etwa auf halber Höhe verzweigt er sich zu einer stark ausgeprägten Krone, die, besonders im Winter nach dem Laubfall, an einen Reisigbesen erinnert. Diese Form eignet sich allerdings nur für laubabwerfende Arten.

Kengai: Kaskadenform

Dieser Stil imitiert die Wuchsform von Pflanzen, die man im Gebirge aus Felsspalten wachsen sieht. Das Gefäß muß so hoch sein, daß die Äste und Zweige in ausgewogener Form nach unten wachsen können – eben wie auf einer Felsspitze oder am Rand eines Steilhangs.

Ikada: Floßform

Diese Bonsai-Form ist zugegebenermaßen sehr selten, aber äußerst eindrucksvoll. Am besten eignen sich dafür laubabwerfende Arten wie Ahorn, Hainbuche oder Buche.

In freier Natur treiben niederliegende Stämme von umgeworfenen Bäumen über die gesamte Länge nach unten Wurzeln. So werden aus den Zweigen neue Bäume mit einer gemeinsamen Basis. Für die Bonsai-Gestaltung entfernt man auf einer Seite alle Zweige, behandelt die Wunden mit einem Bewurzelungshormon, legt die Pflanze mit den Schnittstellen nach unten in ein sehr langes Pflanzgefäß und bindet sie anschließend fest. Die ursprünglichen Wurzeln werden mit viel Erde gut bedeckt.

Innerhalb von ungefähr zwei Jahren treibt der Stamm auf der Seite, welche der Erde zugewandt ist, neue Wurzeln. Jetzt kann der alte Wurzelballen entfernt werden.

Yose-Ue: Waldform

Die Pflanzen, die nach genau festgelegten Regeln angeordnet werden, so daß man aus jedem beliebigen Blickwinkel alle sehen kann, vermitteln ein stimmungsvolles Gesamtbild. Wie in einem echten Wald werden unterschiedlich alte und große Exemplare kombiniert. Das Arrangement kann auch mit kleinen Steinen, Mooskissen und Farnen ergänzt werden.

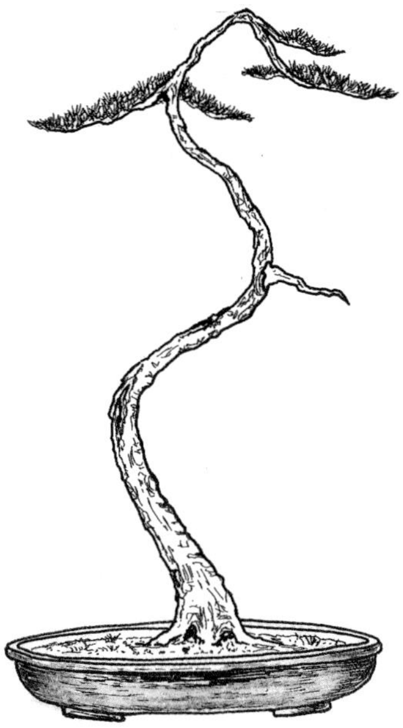

Bunjingi: Literatenform

Ihren Namen verdankt diese Form der auf das Wesentliche reduzierten Pflanzengestalt. Der Stamm ist über mehr als drei Viertel seiner Länge kahl und erinnert durch seinen kurvigen Verlauf entfernt an die geschwungenen Buchstaben des japanischen Alphabets. Um nicht von der Stammform abzulenken, ist das Pflanzgefäß stets flach und rund.

Sekijoju: Felsenform

Im Gebirge kann man Nadelgehölze sehen, die sich mit kräftigen Wurzeln an die Felsen klammern. Nur die Wurzelspitzen dringen auf der Suche nach Nährstoffen in die Erde ein. Felsen-Bonsais kann man deshalb mit kleineren Pflanzen sogar ohne Pflanzschale ziehen. Man höhlt dazu den Stein an einigen Stellen aus und füllt diese mit Erde. Dann setzt man die Pflanze hinein und bindet sie fest.

Kabudachi: Mehrfachstamm

Häufig sieht man in freier Natur Gehölze, die aus einem Wurzelstock mehrere Stämme treiben. Im Hochgebirge zeigen beispielsweise viele Lärchen eine solche Wuchsform, und auch in Schlagwäldern ist sie oft zu beobachten.

Falls der Bonsai nur zwei Stämme besitzt, hält man den einen ein wenig kürzer als den anderen. Diese Gestaltungsform weckt Assoziationen an eine Mutter mit Kind.

BESCHNEIDEN

Viele erschrecken bei der Vorstellung, einer Pflanze auch nur einen einzigen Zweig abzuschneiden. Sie haben Angst, die Pflanze zu schädigen oder ihr Aussehen zu zerstören. Man muß jedoch wissen, daß ein Rückschnitt für die Pflanzen wichtig ist. Indem man überlangen Wuchs oder ein Zuviel an Zweigen entfernt, kräftigt man die Pflanzen und fördert die Bildung von Sekundärtrieben, was die Krone dichter macht und den Blüten- und Fruchtansatz fördert.

Zum Beschneiden von Bonsais braucht man nur wenige Werkzeuge *(Abb. 21)*: je eine Schere für Zweige *(A)*, für Blätter *(B)* und für Wurzeln *(C)* sowie eine Konkavzange zum Abnehmen dickerer Zweige *(D)*. Da die Konkavzange nach innen schneidet, schließt sich die Wunde schnell und ohne auffällige Narbe. Größere Schnittflächen werden mit einem speziellen Wundwachs versiegelt, das man im Fachhandel bekommt.

Der Formschnitt, auch Aufbau- oder Erziehungsschnitt genannt, wird beim Eintopfen des Bonsais durchgeführt, in jedem Fall aber vor dem Blattaustrieb. Neutriebe werden immer wieder während der gesamten Wachstumsperiode gekürzt, um unausgewogenen Wuchs zu unterbinden und die angestrebte Form zu erzielen.

Der Blattschnitt, mit dem eine Verkleinerung der Blätter erreicht werden soll, erfolgt Anfang Juni. Er sollte nur bei sehr kräftigen Pflanzen durchgeführt werden und niemals in dem Jahr, in dem sie umgetopft wurden. Man beläßt dabei die Blattstiele an den Pflanzen. Sie werden abgeworfen, wenn die neuen Achselknospen sich öffnen *(Abb. 22)*.

Blütenpflanzen wie Azaleen und Forsythien werden nach der Blüte beschnitten und umgetopft. Dagegen beschneidet man fruchttragende Gehölze in der Regel von Januar bis Februar, dcnn im unbclaubtcn Zustand kann man dic Zweige, die erhalten bleiben sollen, aufgrund der vorhandenen Blütenknospen gut auswählen. Auch wenn eine Pflanze zu viele Früchte trägt, entfernt man einen Teil davon, damit sie nicht zu sehr geschwächt wird.

Die Frage, wie Pflanzen beschnitten werden, läßt sich sehr einfach beantworten: Man läßt die Neutriebe dort wachsen, wo Lücken gefüllt werden sollen, und kürzt übermäßigen Wuchs, wo die angestrebte Form schon erreicht ist.

Laubgehölze werden mit Hilfe der Schere in Form gebracht, Nadelgehölze wie Pinien, Fichten, Lärchen und Tannen dagegen pinziert: Man

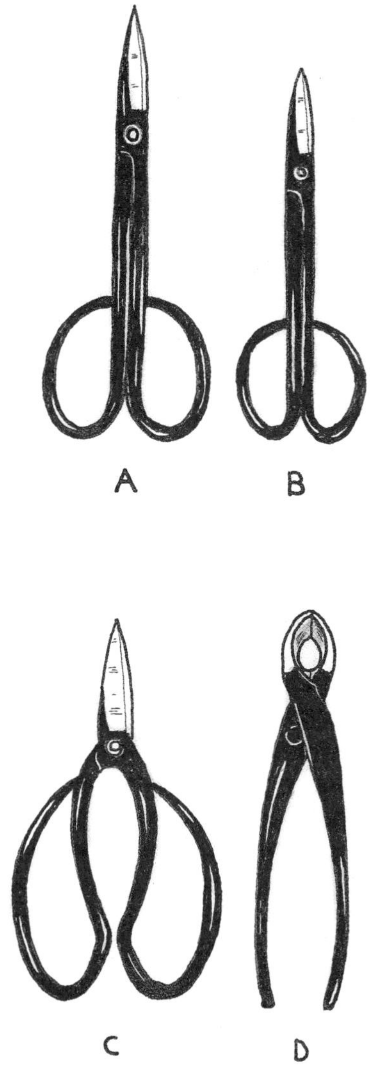

Abb. 21

Abb. 22

hält den Zweig oder Trieb mit einer Hand fest, faßt die Spitze zwischen Daumen und Zeigefinger der anderen Hand und dreht sie ab.

UMTOPFEN

Wie alle Topfpflanzen müssen natürlich auch Bonsais nach einer gewissen Zeit umgetopft werden, da die Wurzeln andernfalls nicht mehr ausreichend Platz haben. Jungpflanzen setzt man alle ein bis zwei Jahre in frische Erde, ältere Exemplare im Rhythmus von drei bis vier Jahren, wobei jedesmal auch die Wurzeln beschnitten werden. Diese Pflegemaßnahme erfolgt im Frühjahr vor dem Austrieb.

Durch das Beschneiden der langen, dicken Wurzeln wird die Bildung neuer Kapillarwurzeln angeregt. Diese können die in der Erde enthaltenen Nährsalze besser aufnehmen. Der Wurzelschnitt ist also quasi eine Verjüngungskur für die Pflanze. So erklärt sich auch, weshalb Bonsais oft wesentlich länger leben als ihre großen Artgenossen in freier Natur. Beispielsweise wird ein normaler Kirschbaum kaum älter als 150 Jahre, während es Bonsai-Kirschen mit einem Alter von 300 Jahren und mehr gibt.

Beim Umtopfen von Bonsais geht man folgendermaßen vor: Nachdem das Substrat einige Tage leicht abgetrocknet ist, nimmt man die Pflanze aus dem Gefäß. Mit einem dünnen Stöckchen die Wurzeln entwirren *(Abb. 23)* und anschließend um ein Drittel oder bisweilen auch um die Hälfte einkürzen *(Abb. 24)*. Das Pflanzgefäß mit frischer Erde füllen, dabei zuvor eine Drainageschicht anlegen. Die ideale Zusammensetzung des Substrats kann von Pflanze zu Pflanze variieren. Günstig ist aber in der Regel eine Mischung aus Gartenerde, Torf und grobkörnigem Flußsand zu gleichen Teilen.

Die Pflanze anschließend wieder in die Erde setzen und so fixieren, daß sie nicht mehr zu bewegen ist. Diese Maßnahme dient dem Schutz der neuen feinen Wurzeln, die bei der geringsten Erschütterung verletzt werden können. Man führt einen oder mehrere Kupferdrähte durch die Ablauflöcher des Pflanzgefäßes und legt sie fest um die Basis des Bonsais *(Abb. 25)*.

Die Wurzelbefestigung muß aus der Erde ragen, damit sie gut sichtbar bleibt. Aus ästhetischen Gründen häuft man in diesem Fall die Erde leicht an, so daß der Bonsai majestätisch aus dem Gefäß aufragt.

Abb. 23

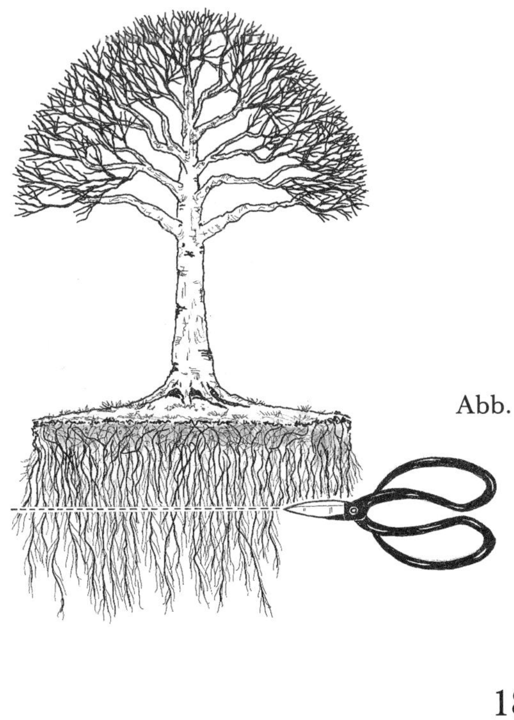

Abb. 24

PFLANZGEFÄSSE

Jeder Bonsai verlangt naturgemäß nach einem passenden Gefäß, das seinen Stil und sein Erscheinungsbild jeweils besonders hervorhebt. Wenn man beispielsweise einen Bonsai einfach in den Garten pflanzen würde, würde er sich dort, wie die Erfahrung gezeigt hat, wie eine ganz normale Pflanze entwickeln und binnen weniger Wachstumszyklen seine in jahrelanger Arbeit anerzogene Form verlieren.

Ein echter Bonsai dagegen verkörpert die Schönheit der pflanzlichen Natur in absolut höchster Vollendung. Er ist ein Kunstwerk ersten Ranges, welches durch das seinem jeweiligen Charakter entsprechende Pflanzgefäß noch zusätzlich vervollkommnet wird.

Bonsai-Schalen bekommt man üblicherweise im Fachhandel in den verschiedensten Ausführungen und Preislagen. Neben dem Geschmack und den finanziellen Möglichkeiten sind aber auch bestimmte Regeln hinsichtlich der Form und Farbe des Pflanzgefäßes ausschlaggebend für die gelungene Gestaltung des Bonsais. Der Durchmesser einer runden Schale beziehungsweise die Länge eines rechteckigen, quadratischen oder ovalen Gefäßes sollte in der Regel zwei Drittel der Stammlänge nach Möglichkeit nicht überschreiten *(Abb. 26)*. Die Höhe des Gefäßes entspricht dem Durchmesser des Bonsai-Stammes an der Basis *(Abb. 27)*.

Pflanzen mit aufrechtem, geradem Wuchs erhalten relativ flache Schalen, während Kaskadenformen hohe Gefäße benötigen. Nadelgehölze wie auch generell alle immergrünen Arten kommen in unglasierten, erdfarbenen Schalen am besten zur Geltung. Dagegen wirken blühende und alle laubabwerfenden Gewächse am schönsten in glasierten Gefäßen, die ihnen selbst noch nach dem natürlichen Blattfall ein nicht nur sehr elegantes, sondern auch gepflegtes Aussehen verleihen.

Bei blühenden Bonsais sollte man darauf achten, daß die Farbe der Pflanzschale und die der Blüten nicht zueinander in Kontrast stehen. Es werden viele sogenannte Bonsai-Schalen im Handel angeboten, die sich bei etwas näherer Betrachtung als ziemlich plump und stillos erweisen. Außerdem bestehen sie zuweilen aus Materialien, die leicht splittern und bereits beim ersten Frost zerbersten. Wenn man lange an einem Stück Freude haben möchte, lohnt es sich deshalb, für eine echt japanische Schale etwas tiefer in die Tasche zu greifen.

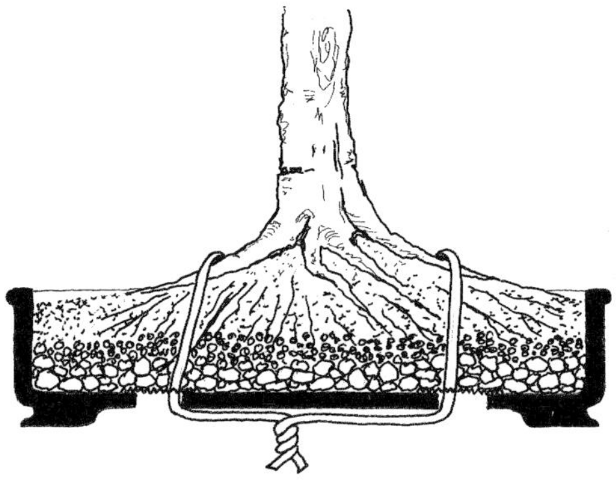
Abb. 25

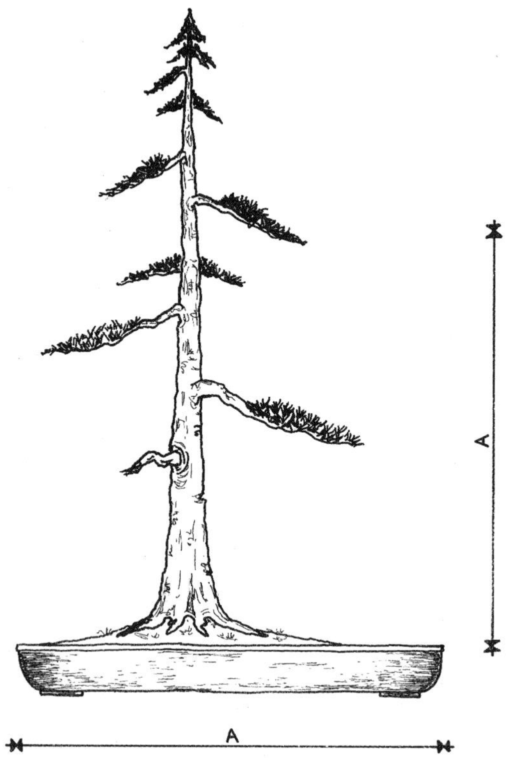

Abb. 26

Abb. 27

DÜNGEN

Bonsais erhalten, wie alle Pflanzen, Dünger. Das Angebot umfaßt dabei verschiedenste Produkte in flüssiger, pulverisierter oder auch gekörnter Form. In der Regel sind für Bonsais natürliche, das heißt organische Langzeitdünger am besten geeignet, da sie „sanfter" wirken. Feste (granulierte) mineralische Düngemittel, wie zum Beispiel Blaukorn, sollten nach Möglichkeit nicht verwendet werden. Flüssigdünger wird schneller aufgenommen und daher häufiger, aber stets äußerst sparsam verabreicht.

Bonsais düngt man während der Wachstumsperiode. Auch blühende und fruchttragende Pflanzen erhalten, entgegen der landläufigen Meinung, regelmäßig einen Dünger. Nach dem Umtopfen und dem Wurzelschnitt sollte aber mindestens sechs Wochen nicht gedüngt werden. Auch wenn in den heißesten Sommermonaten, Juli und August, viel gegossen wird, ist eine verminderte Düngergabe empfehlenswert.

In jedem Fall wird vor dem Düngen das Substrat gründlich gewässert, um ein Verbrennen der feinen Wurzeln durch die im Dünger konzentriert enthaltenen Nährsalze auszuschließen.

Solange man nicht auf seine Erfahrungen zurückgreifen kann und noch kein Gefühl dafür entwickelt hat, was die Pflanzen brauchen, dosiert man die Düngergaben am besten etwas niedriger, als auf der Packung angegeben ist.

GESUNDERHALTUNG

Bonsais werden, wie die meisten anderen Pflanzen auch, bisweilen von Schädlingen und Krankheiten befallen. Alle Erkrankungen und die entsprechenden Heilmittel und Gegenmaßnahmen hier anzusprechen, würde allerdings den Rahmen dieses Buches sprengen. Ohnehin kommt es mehr auf die Einstellung und ein richtiges Verständnis der Pflanzen an.

Denn Pflanzen sind wie Menschen. Auch sie verlangen Aufmerksamkeit und Pflege. Wenn wir zuwenig essen und trinken, stellt sich ein Zustand der Unterernährung ein, und wir fühlen uns schwach. Bekommen wir niemals frische Luft und Sonnenschein, sehen wir bald blaß und kränklich aus. Und ohne die Einnahme von Medikamenten können wir bestimmte Krankheiten nicht heilen oder ihnen vorbeugen. Setzen wir uns schließlich im Winter zu lange Zeit der Kälte aus oder im Hochsommer der prallen Sonne, wird uns unser Körper dies anschließend spüren lassen. Wer sich diese elementaren Erkenntnisse stets vor Augen hält und sie in der gleichen Weise auf die Pflanzen anwendet, kann auch bei Bonsais nichts falsch machen.

Alle Pflanzen lieben Licht, Sonne, Wärme und manche Arten auch die Kälte. Sie müssen an einem gut belüfteten, aber nicht zugigen Ort stehen. Sie brauchen Nahrung und Flüssigkeit. Gelegentlich erhalten sie zur Vorbeugung gegen Schädlingsbefall oder Krankheiten oder zur Behandlung Präparate mit einem auf den jeweiligen Fall abgestimmten, breiten Wirkungsspektrum. Dabei sind natürliche Mittel den „chemischen Keulen" grundsätzlich vorzuziehen.

Wer diese einfachen Regeln beherzigt, wird auch mit Bonsais, seien sie gekauft oder selbst gezogen, die schönsten Erfolge erzielen.

INDEX DER BÄUME

INDEX DER BONSAIS